6

Las Mejores Excursiones en...

BICICLETA de MONTAÑA por la COMUNIDAD de MADRID

40 itinerarios fáciles a través de
los enclaves más sobresalientes de la geografía madrileña

Miguel Ángel Delgado

EL SENDERISTA

Debo expresar mi agradecimiento a todos los que me han ayudado. *Carlos Martín-Lunas* y *Fernando Iborra* que me enseñaron alguno de los recorridos del libro. *Peio Hernández Riaño* que leyó y corrigió el texto original y en general a todos los que me acompañaron alguna vez: a *Jorge* por sus fotos y a *Pablo* (futuro triatleta), a *Miguel Ángel*, a *Jesús*, a *Cristina* y *David* (Mammoth) a *Santiago* y *Raúl*; a *Fernando Pérez*, a *Mikel*, a *Francisco Miguel*, a *Paco Reina*, a *Julio* (BIKE a fondo) y *Fran* (Sportlife), *Antonio Alix*, *Javier García Aguadero* y tantos otros.

Quiero dedicar este libro a *Marga* por el tiempo que le robé y a *Alfonso* y *Adrián* para que algún día disfruten de estas rutas.

1ª edición: 2000
2ª edición: 2001 (corregida y ampliada)

C/ Mayor, 80
28013 - Madrid
Teléf.: 91 541 71 70
Fax: 91 548 93 93

FOTOGRAFÍAS: Jorge García Sánchez
PORTADA: Pedro López Carcelén
CARTOGRAFÍA Y GRÁFICOS: Miguel Ángel Delgado, Rafael Sanz y Pedro López
DISEÑO Y MAQUETACIÓN: Sandra Rebollo

I.S.B.N.: 84-95368-05-6
Depósito Legal: M-28978-2001
Impreso en España/*Printed in Spain*

ÍNDICE DEL LIBRO

☞ INTRODUCCIÓN

I. Recomendaciones técnicas antes de emprender la ruta

Pedalear: ¿Solos o en compañía?

En este aspecto como en otros muchos las opiniones están enfrentadas. Parece una norma aceptada comúnmente que no se deben hacer rutas largas en solitario pero hay numerosos ejemplos de viajeros solitarios que no han tenido mayores problemas por desplazarse en bicicleta sin compañía. Las personas que afrontan las rutas en solitario suelen ser decididas y reflexivas, disfrutan viajando solas y el hecho de arreglárselas por su cuenta suele formar parte de su diversión. Lo que sí consideramos una regla de oro de obligado cumplimiento es la de no internarse nunca por una zona desconocida si no se lleva al menos un mapa, una brújula y que hayas comunicado a tu familia el lugar exacto adonde te diriges para que caso de percance sea fácil tu localización.

En ruta no vale la improvisación

Nunca se debe dejar la planificación de una ruta en manos de la improvisación. Hay que saber valorar las propias limitaciones físicas y los factores externos como la climatología, el horario solar, las condiciones del camino o la presencia de barro. La documentación previa que poseas de una ruta es tan importante como cualquier otro aspecto relacionado con la misma. Consigue los mapas de la zona a explorar y amplia tu información en libros o guías de rutas. Asimismo hay que revisar una serie de elementos de la mecánica de la bici que resultan imprescindibles: ajuste de los cambios, engrase de la cadena, estado de los frenos, presión de neumáticos y centrado de ruedas por citar los "puntos calientes" que pueden originar problemas en ruta.

¿Diseñar una ruta?

La abundante información cartográfica que existe en la actualidad sobre cualquier rincón de nuestra Comunidad te pueden convertir en un auténtico experto en el trazado y estudio de nuevas rutas. Si diseñas un itinerario circular deberías realizarlo en ambos sentidos, siempre habrá una dirección más bonita o dura que la otra. Si hay un tramo poco claro puedes incluso señalizarlo, bastará con marcar el trazado con hitos de piedra u otras señales naturales. Una opción interesante es la de buscar puntos de enlace entre itinerarios de manera que se puedan complementar o hacer rutas más largas. Si sois de un club o agrupación ciclista podéis realizar una señalización más seria, utilizando discretas señales de pintura en arboles o piedras (como en los senderos GR) o señalizar los desvíos importantes. Una actividad de este tipo nos beneficia a todos ya que favorece que los ciclistas circulen por el mismo trazado evitando la ausencia de control sobre los caminos.

Ante la duda...

Si tenemos la sensación de no saber muy bien en que lugar nos encontramos, deberemos volver inmediatamente sobre nuestros pasos. En la montaña, la mayoría de las situaciones críticas son el efecto combinado de una acumulación de pequeños problemas como tardar más de lo calculado explorando un recorrido nuevo, o sufrir un contratiempo mecánico. Las prisas por recuperar el tiempo perdido pueden hacernos perder la concentración con el riesgo de sufrir una caída. No dudes ni un instante en demandar auxilio, por lo general, la gente suele estar dispuesta a echarte una mano. Si anochece y aún estás en una carretera a bastante distancia de tu casa avisa a la autoridad competente. Ellos solucionarán tu problema.

¿Viajar con la bicicleta en el coche?

Cada vez es más familiar la imagen dominical de un vehículo cargado con las bicis en el techo camino del campo. Las tradicionales bacas han demostrado su eficacia a la hora de facilitar el transporte de las bicis en nuestro vehículo. Independientemente del modelo de soporte y del sistema de anclaje, deberemos asegurarnos siempre de que ninguno de los elementos que la componen se haya aflojado o deteriorado. Con una revisión periódica evitaremos daños a nuestras bicis y accidentes a terceras personas. Hay que extremar el cuidado a la entrada de aparcamientos, de gasolineras o de cualquier marquesina. Personalmente y después de sufrir algunos incidentes con este tipo de soporte prefiero, si es posible, transportar la bici desmontada en el interior del automóvil.

La bicicleta y el transporte público

Cada vez se impone con más fuerza la necesidad de que los operadores de transporte admitan a los viajeros que incluyen entre sus pertenencias una bicicleta. Las Cercanías de RENFE fueron las primeras en aceptar viajeros con bicicleta en determinadas líneas y tramos horarios, respetando lógicamente el derecho del resto de los usuarios a no ser incomodados por nuestras máquinas. A esta inciativa se ha sumado recientemente Metro de Madrid que permite el acceso en sábados, domingos y festivos de ciclistas y bicicletas. Las posibilidades que se abren con la permisividad "condicionada" de estos dos importantes operadores de transporte de Madrid son infinitas ya que no todo el mundo dispone de vehículo propio para salir al monte. A lo largo de este libro verás que damos la opción de realizar numerosas rutas gracias a la combinación Bici+Metro+Cercanías. Los autobuses interurbanos siguen siendo reacios al transporte de bicis argumentando la lógica escasez de espacio y las molestias a los otros usuarios. En cualquier caso, si se trata de autobuses con maletero, y avisando con antelación, no suelen poner pegas en admitir bicicletas.

Lo que siempre ha de llevar el ciclista

Hay una serie de artilugios que por una razón u otra siempre hemos utilizado o que en su defecto nos pueden resultar imprescindibles en ocasiones excepcionales. No entramos a detallar aspectos relacionados con la ropa del ciclista aspecto que merecería un capítulo aparte.

Casco. Elemento imprescindible y obligatorio si circulamos por carretera. El uso del casco se ha generalizado desde la implantación de la bicicleta de montaña vehículo donde es frecuente sufrir caídas que, gracias a la protección brindada por el casco, pueden ser recordadas como una anécdota más de la excursión. No nos extenderemos más en la recomendación del uso del casco, tan sólo decir que es un elemento en el que no debes de intentar ahorrar dinero.

Gafas de pantallas intercambiables. Imprescindibles en cualquier época del año, protegen no sólo del sol sino también del frío, del aire, del barro, del polvo y de los insectos.

Pañuelo grande. En invierno sirve de abrigo protegiendo la garganta o las orejas. En verano protege del sol. Te puede servir de improvisada venda, empapado en agua es una excelente máscara anti-humos y enrollado en la frente retendrá el sudor que siempre termina por mancharte las gafas.

Crema solar. En verano nunca salgas a realizar rutas largas sin haberte protegido la piel con una crema con factor de protección elevado. Por encima del factor 6 suelen dar buena cobertura, aunque el factor de protección está relacionado con el tipo de piel. Nuca, nariz y brazos han de ser protegidos con regularidad.

Alimentación e hidratación. Provéete de comida energética y empieza a comer antes de los primeros noventa minutos de ejercicio. La hidratación en viajes largos es primordial. Lleva siempre bidones grandes de agua y llénalos al comenzar la jornada.

Teléfono móvil. Gracias a la actual cobertura telefónica podemos comunicar nuestro paradero desde casi cualquier lugar por recóndito que sea. Vigila las baterías.

Reloj y cuentakilómetros. Un reloj de pulsera y un cuentakilómetros digital son tan necesarios o más que cualquiera de los objetos que hasta ahora te hemos recomendado. El desconocimiento de la hora o de la distancia recorrida puede llevarnos a realizar valoraciones erróneas del tiempo que llevamos pedaleando o de lo alejados que estamos aún del punto de partida.

Dinero y documentación. Elementos imprescindibles, procura llevar tarjetas bancarias y monedas sueltas por si tienes que llamar por teléfono.

Botiquín. En rutas de varios días un pequeño botiquín siempre será útil. Al menos deberá contener una venda elástica, esparadrapo, alcohol, betadine, analgésicos, antiinflamatorios y algodón.

Mochila o riñonera. Los detractores de la mochila la consideran un elemento incómodo e incluso peligroso. Otros ciclistas son partidarios de la clásica riñonera y los menos se decantan por la bolsa de manillar. Cada sistema tiene sus ventajas e inconvenientes y ninguno merece ser desechado, la elección estará en función de las necesidades de cada uno.

Navaja multiuso. Herramienta tremendamente útil, sobre todo en viajes de varios días. Es la clásica navaja que incorpora un sinfín de utensilios como, pinzas, tijeras y cubiertos para comer.

Mechero. Un mechero, una caja de cerillas y un cabo de vela te pueden salvar la vida si te ves forzado a pasar la noche en el campo. Una linterna frontal es imprescindible en rutas de varios días.

Lo que siempre ha de llevar la bicicleta

Los accesorios que vamos a describir son adicionales a la propia bicicleta en sí, aspecto en el que no entraremos ya que sería materia suficiente para un libro adicional. En cualquier caso, para realizar las rutas que se proponen en esta guía no es necesario tener una bicicleta de gama alta, sin embargo sí recomendamos que la bicicleta sea adquirida en un establecimiento especializado y bajo el asesoramiento de un profesional. Afortunadamente parece que ha tocado a su fin la fiebre de la "montanbaik" de hipermercado. Una bicicleta idónea para realizar rutas es aquella que mantenga un equilibrio entre el peso de la misma, sus prestaciones y la comodidad del ciclista. En este sentido, cada día se consolidan más las bicicletas con algún sistema de suspensión ya sea delantera o total.

Accesorios imprescindibles:

Bomba de racor reversible. Elemento de uso obligatorio en caso de pinchazo. Ha de conservarse en buen estado.

Cámara de repuesto. En épocas como el verano cuando es muy fácil pinchar, recomendamos incluso llevar dos cámaras.

Parches y disolución. Imprescindible cuando tras varios pinchazos has agotado todas las cámaras de repuesto.

Desmontadores de cubierta. Necesarios para montar y desmontar la cubierta.

Tronchacadenas. Engarza de nuevo los eslabones de la cadena cuando ésta se ha roto.

Herramienta multiuso. Es una de las mejores compras que podéis realizar. Deberá contener, al menos, llaves allen, llaves hexagonales, llave de radios y destornillador plano y de estrella.

Bridas de plástico. Tremendamente útiles. Si las sueles utilizar en algún elemento de la bici: reloj, aleta de tiburón, cableado, etc., deberías llevar al menos dos o tres unidades de repuesto.

II. La rutas y su agrupación comarcal

Hemos recopilado un total de cuarenta rutas distribuidas a lo largo y ancho de la Comunidad de Madrid. En la selección de las rutas hemos atendido a criterios geográficos más que a los niveles de dificultad o de distancia de las rutas. Es decir, prima más el aspecto geográfico que el deportivo, quizás sea un problema vocacional o de formación académica. De esta manera se han agrupado los itinerarios en seis grandes zonas cada una de ellas con unos caracteres paisajísticos en mayor o menor medida homogéneos. Como es lógico estas zonas, no se corresponden con ningún tipo de comarca ya que es éste un cometido muy alejado de las intenciones de este libro. Lo que sí creemos es que, después de revisar detalladamente la bibliografía al respecto, no hay un acuerdo común para delimitar de modo claro una serie de comarcas fisiográficas o etnográficas en Madrid. Estableciendo un criterio estricto, se puede hablar de sierra, llanura y vega pero sería generalizar de manera tosca. El paisaje de la Comunidad de Madrid es rico en diversidad de paisajes y a pesar del elevado grado de urbanización del territorio y de la presencia de grandes infraestructuras existen aún grandes espacios naturales milagrosamente intactos.

Antonio López Lillo en su libro *La Naturaleza en Madrid* habla de una serie de paisajes característicos de Madrid con los que nos identificamos plenamente:

Sierra de Guadarrama. Definida por el puerto de Somosierra al noreste hasta la peña de Cenicientos al suroeste.

Somosierra. Definida por el puerto de Somosierra al este y por un conjunto de sierras que se despliegan al sur y al este de este paraje: Sierra Cebollera, Sierra de la Puebla, Montejo y en general todo el conjunto de sierras que llegan hasta Torrelaguna en el límite meridional.

Rampas serranas. Son las llanuras que bordean a las sierras en sus límites meridionales. Suponen la transición a las mesetas.

Campiñas. Es la continuación de las rampas y su relieve es aplanado y mantiene una cota altitudinal entre 600 y 800 metros. Aquí se ubica Madrid y su área Metropolitana.

Páramos. Situados en el extremo sureste de Madrid son llanuras de origen calizo delimitadas por cursos fluviales como el Jarama, el Henares, el Tajuña o el Tajo.

Las Cuestas. Es el territorio, de mayor o menor extensión, que se encuentra entre el páramo y las vegas de los grandes ríos madrileños.

Las Vegas. Son las llanuras del fondo de los grandes ríos. Son espacios fértiles muy utilizados en las actividades agrícolas. La actividad extractora de gravas y arenas ha conformado en las vegas espacios lacustres de gran valor.

Adaptando el modelo de comarcas citado anteriormente hemos establecido seis agrupaciones geográficas para aglutinar las rutas del libro.

1. Madrid, su entorno y la cuenca media del río Manzanares.
2. Páramos, cuestas y vegas del sureste.
3. Somosierra y sierra norte.
4. El alto Manzanares, Guadarrama y alto Lozoya.
5. Sector central de Guadarrama: Abantos y sierra de Malagón.
6. Sector occidental de Guadarrama: río Alberche y las sierras del suroeste.

Este sistema de integración de los itinerarios por zonas tiene varias ventajas. Hemos intentado que todas las rutas de un mismo sector puedan conectarse entre sí, lo que hace posible la múltiple combinación de itinerarios. Hay muchas rutas de distintos sectores que por "vecindad" también pueden ser enlazadas, lo que hace posible el diseño de rutas de varios días con planteamientos cicloturistas. Por último, si lográis realizar gran parte de las rutas propuestas para una zona conoceréis a fondo la misma y llegaréis a descubrir nuevas rutas por vuestra cuenta.

III. Contenido de la ficha técnica de las rutas

LONGITUD. Las mediciones se han realizado con el cuentakilómetros de la bicicleta y por tanto están sujetas a las variaciones lógicas en la calibración de un aparato de este tipo. En todos los casos las distancias han sido contrastadas con cartografía pero aun así es posible que exista diferencia entre nuestra medición y la vuestra. También se ha detallado la altitud de los principales cruces y puntos de paso.

DESNIVEL ACUMULADO. Hemos tomado como medida el desnivel acumulado en ascenso, salvo en los casos en que la ruta es íntegramente en bajada en el que daremos el desnivel en descenso expresado en términos negativos.

HORARIO. Es uno de los valores más subjetivos que existen en ciclismo de montaña. Hemos hecho una estimación horaria que para algunos puede parecer alta pero que incluye las posibles paradas para descansar o realizar fotos. En una excursión es muy raro conseguir un promedio superior al intervalo comprendido entre 15 y 20 kilómetros por hora.

DIFICULTAD. Otro valor subjetivo ya que trata de sintetizar factores como la dificultad técnica, la dificultad física o la conjunción de ambas. *Dificultad baja:* es aquélla de itinerarios sin problemas técnicos ni dificultades físicas y que además tienen un escaso kilometraje. *Dificultad media:* advierte de la presencia de algún tramo difícil técnicamente o de la existencia de alguna dificultad orográfica. *Dificultad alta:* la encontraremos en rutas largas, con desniveles apreciables o con un nivel técnico elevado. *Dificultad muy alta:* las rutas muy difíciles tendrán como elemento definitorio los grandes desniveles, el elevado kilometraje o la presencia de tramos muy técnicos.

CARTOGRAFÍA. Se han utilizado básicamente tres tipos de fuentes cartográficas. La primera es la serie de 17 hojas a escala 1:50.000 recientemente editadas por el Servicio Cartográfico Regional de la Comunidad de Madrid (S.C.R.). Se trata de una cartografía actualizada y muy buena para contrastar factores relacionados con topografía y vegetación debido a su buen tratamiento de color y sombreado. La segunda fuente utilizada es la de la cartografía a escala 1:50.000 del Servicio Geográfico del Ejército (S.G.E.). Se trata de un total de 26 hojas menos actualizadas que las del S.C.R. pero con mayor detalle en la señalización de pistas y caminos. Por último, no menos útiles son aquellos mapas temáticos que cubren grandes zonas de la Sierra y que están editados pensando en los excursionistas, nos referimos a los distintos mapas editados por la Tienda Verde o por editorial Alpina. En ambos casos destaca el detalle con el que son tratados aspectos relacionados con el excursionismo: caminos, parajes naturales, elementos singulares y principales cimas montañosas.

Accesos. Se detalla el acceso al punto de partida siempre que éste entrañe alguna dificultad para su localización. También se pone especial atención en aquellos casos en los que la ruta es accesible en ferrocarril o Metro, circunstancia interesante para los más jóvenes o para aquéllos que no disponen de vehículo propio.

Observaciones. Factores peculiares o particulares de cada ruta, enlace con otros itinerarios de la guía, sentido de marcha propuesto, recomendaciones estacionales, etc.

SIGNOS CONVENCIONALES

MADRID, SU ENTORNO Y LA CUENCA MEDIA DEL RÍO MANZANARES

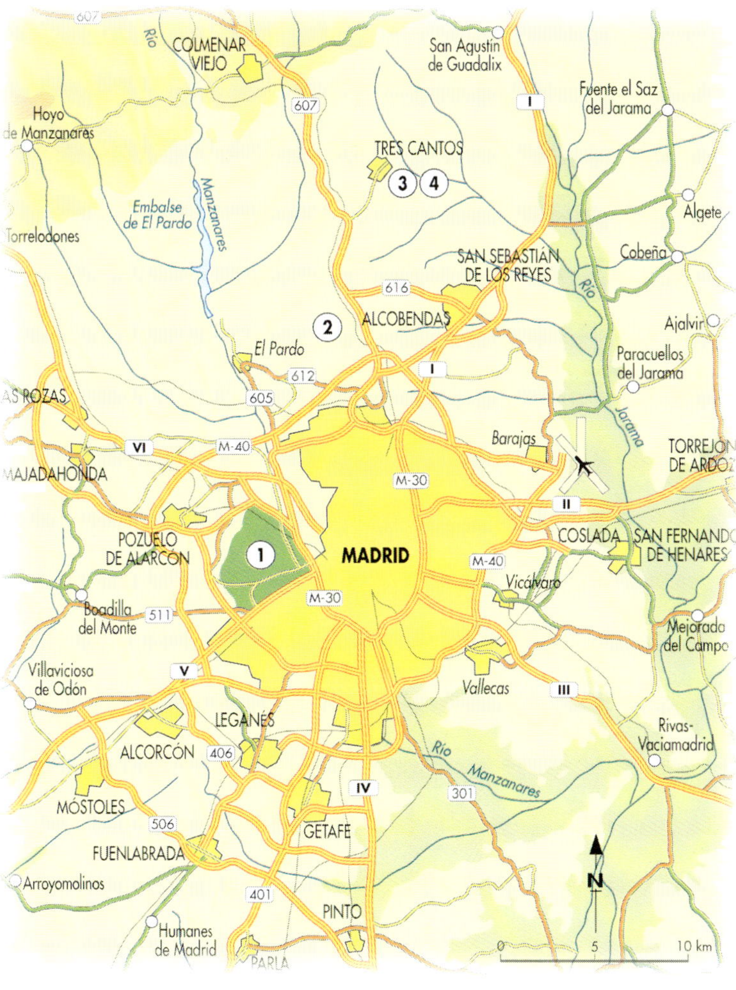

RUTA 1

LA CASA DE CAMPO: LA NATURALEZA A LA PUERTA DE CASA

LONGITUD: El itinerario básico tiene 17 kilómetros. Con las variantes 1 y 2 se pueden planear circuitos mucho más largos. Se recomienda el sentido propuesto.

HORARIO: Alrededor de dos horas.

DIFICULTAD: Baja. Sólo encontraremos algún repecho sin importancia.

CARTOGRAFÍA: Hoja 559 a escala 1:25.000 del I.G.N.

ACCESOS: La ruta tiene como punto de partida la estación de Metro de Batán. Este punto de origen es arbitrario y se puede cambiar por otro cualquiera del circuito. Sábados, domingos y festivos podéis acudir con vuestras bicis en Metro hasta Lago, Batán o Príncipe Pío y en Cercanías de RENFE hasta Príncipe Pío.

OBSERVACIONES: Hay que tener cuidado en épocas de lluvia debido a lo embarrado de los caminos. En verano es muy habitual pinchar por la presencia de abrojos.

La Casa de Campo esconde rincones llenos de encanto. A lo largo de sus cuatrocientos años de historia este espacio natural sirvió básicamente de reserva de caza de los monarcas que residían en el cercano Palacio Real. Se trata del segundo bosque más grande del municipio de Madrid tan sólo superado por El Pardo. Desde el siglo XVI este parque ha conocido diversos avatares históricos incluido uno de los más crueles episodios de la guerra civil: la batalla de Madrid. De los muchos problemas que aquejan a la Casa de Campo, la masificación y el uso indiscriminado de sus recursos naturales es quizás el más grave de todos. Por este motivo, la gran mayoría del itinerario transcurre por la zona más "tranquila" del parque hasta el punto de que durante un día laborable será raro cruzarse con alguien durante la ruta. En este itinerario pasaremos bajo enormes pinos piñoneros, atravesaremos el típico encinar mediterráneo e incluso descubriremos pequeños arroyos tapizados de fresnos, sauces y olmos.

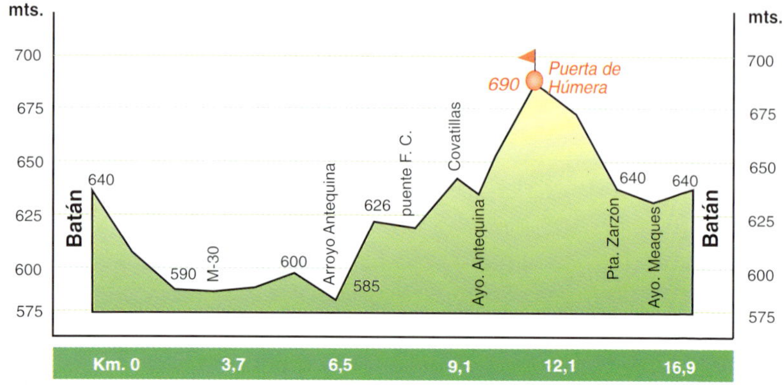

0,0 Estación de Metro de Batán (640 m). Nos situamos frente a las taquillas de entrada al Parque de Atracciones. Entre dichas taquillas y el trazado del Metro hay un camino cerrado con una barrera de madera, ésta es nuestra ruta. El primer tramo es muy fácil de seguir ya que discurre "encajado" entre las instalaciones del Parque y la valla del Metro.

0,8 Carretera de Batán al Lago. La cruzamos con precaución e inmediatamente giramos a la izquierda para colocarnos en un camino paralelo a dicha carretera. Descendemos pegados a la verja del Albergue Juvenil Richard Schirrmann (derecha).

1,06 Cruce de carreteras. Giramos a la derecha y circulamos por carretera hasta rebasar el acceso al Albergue. Entre dicho acceso y la carretera nace un estrecho sendero. Se trata de una senda encajada junto a la valla del Albergue (derecha) y el cauce del arroyo Meaques (izquierda). Este angosto sendero pasará a ser un cómodo camino paralelo a las vías del Metro, siempre a nuestra derecha.

2,23 Estación de Metro de Lago (610 m). La dejamos a la derecha. Llegamos a una transitada calle que recomendamos cruzar por el paso de peatones. En la acera opuesta, giraremos a la izquierda y antes de llegar a la carretera que bordea el Lago, veremos una barrera que cierra el paso a un camino que se interna a la derecha por una frondosa vaguada. Por aquí continúa la ruta.

2,85 Barrera y final del camino. A la derecha hay una fuente y una especie de pequeño puente con arcos de ladrillo. A unos pocos metros a la izquierda hay un cruce.

2,95 Cruce del Puente del Rey (590 m). Encrucijada de carreteras en forma de "T". Giramos a la izquierda atravesando el cruce. La carretera de la derecha alcanza el Puente del Rey y la estación de Príncipe Pío. Seguimos de frente por la explanada junto a la carretera. El Lago y la carretera quedan a nuestra izquierda. A la derecha tenemos la tapia de los viveros municipales conocidos como Reservado Grande.

3,60 Cruce de carreteras. Recto en dirección al Paseo Marqués de Monistrol. No será necesario entrar en la carretera ya que por su margen derecha discurre un amplio camino acotado por hileras de falsos plátanos. Esta zona ha sido literalmente "ocupada" por cientos de cotorras guarecidas en aparatosos nidos.

3,76 Plaza de las Moreras (590 m). A la derecha se encuentra el merendero de la Manzana. Bordeamos la plaza (mejor por asfalto) y seguimos recto en dirección norte, por el camino lateral de la carretera que va hacia el Puente de los Franceses y paralelo a la M-30.

3,95 Intersección del Camino de Valdeza. Seguimos recto por el camino que discurre a la derecha de la carretera paralelo a la M-30.

4,46 Bifurcación del Cerro Garabitas (592 m). Seguimos recto. A la derecha y al otro lado de la autovía M-30 se encuentra la Colonia del Manzanares y el complejo deportivo Cajigal, accesibles a través de una pasarela peatonal.

4,95 Puente de los Franceses. Pasamos bajo la vía del tren por una vieja carretera. Rebasado el puente giramos a la izquierda para entrar en un sendero muy marcado por el paso de bicis. La vía, elevada sobre un talud, está a nuestra izquierda y a la derecha un pinar.

5,33 Finaliza el tramo del pinar y comienza una estrecha senda encajada entre el talud de la vía (izquierda) y la alambrada de un almacén municipal (derecha).

5,54 Antiguo paso a nivel (600 m). Finaliza la senda y el camino se abre a la derecha. Seguimos recto y en diagonal bajo unos frondosos pinos piñoneros. Unas grandes raíces en el suelo confirman que la opción elegida es la correcta. En este tramo nos acercamos poco a poco a la "carretera de Castilla" una autovía que discurre a la derecha del camino.

6,49 Cruce sobre el Arroyo de Antequina (585 m). Hacemos un doble giro derecha-izquierda y seguimos junto a la autovía (a nuestra derecha).

6,62 Dejamos un camino a la izquierda y tomamos una excelente pista que inicia un ligero ascenso junto a la valla de la autovía. Durante un buen trecho la valla de la autovía será nuestra referencia. En apenas 300 metros un camino que se aparta a la izquierda de la ruta nos permite acceder a la fuente de Casa Vacas, un pintoresco lugar donde mana un agua de peculiar sabor. (El tramo de la fuente no está contabilizado).

7,46 Puerta de la carretera del Pino Piñonero (626 m). Cruzamos la carretera –cortada al tráfico– y seguimos recto por la pista paralela a la autovía. La autovía gira a la izquierda y frente a nosotros aparece la antigua tapia que cerraba todo el perímetro de la Casa de Campo. Esta obra, originaria del siglo XVIII, fue realizada con una peculiar técnica que combina ladrillo y cantos de cuarzo. La tapia está declarada bien de interés cultural y ha sido recientemente restaurada.

El Puente de la Culebra, de Ventura Rodríguez, sobre el Arroyo Meaques

8,03 Vía del ferrocarril de cercanías. Giramos a la izquierda para seguir junto a la vía hasta llegar al puente que nos permite cruzarla.

8,35 Puente sobre la vía (622 m). Cruzamos y giramos a la derecha para ir por el lado opuesto de la vía y de retorno hacia la tapia.

8,70 De nuevo junto a la tapia giramos a la izquierda, la tapia queda nuevamente a nuestra derecha. Ascendemos hacia el cerro Covatillas identificable por una torre de alta tensión. Ésta es la única subida dura de todo el recorrido.

9,17 Cerro de las Covatillas (646 m). Si nos fijamos, hacia el sur se distingue la tapia que delimita la Casa de Campo separándola del término municipal de Pozuelo. Al fondo se distinguen los Altos de Húmera, nuestro próximo destino. Seguimos el camino de la tapia (Camino de la Ronda) y descendemos al valle del arroyo Antequina.

9,77 Arroyo Antequina. Pasamos por un puente en una zona siempre frondosa gracias a la humedad del arroyo. Seguimos la pista de la tapia (derecha) y subimos hacia la puerta de Húmera. Se trata de una subida larga y pesada.

11,0 Puerta de Húmera (660 m). La tapia hace un quiebro a la derecha (suroeste) y al poco se abre para dar paso a la pequeña puerta de Húmera. Continuamos por la pista pegados siempre a la tapia.

12,13 Puerta de Somosaguas (690 m). Es el acceso de una de las antiguas carreteras que entraban en la Casa de Campo y está cerrada al tránsito. Seguimos la pista de la tapia en un tramo descendente hasta el arroyo de la Zorra (670 m).

13,3 Puerta de Rodajos (678 m). Atravesamos una explanada habilitada como aparcamiento y cruzamos la carretera de Prado del Rey. Dejamos a la izquierda el kiosco Casa Marcial y continuamos por la pista de la tapia. A la derecha, al otro lado de la tapia, se levantan los chalets de la colonia de los Ángeles.

14,62 Puerta del Zarzón (640 m). Zona de aparcamiento y juegos. Una carretera asfaltada y cerrada al tráfico se dirige hacia el Zoo. De frente veremos el puente de la "Culebra", monumento barroco diseñado por Ventura Rodríguez. Nosotros seguimos hacia el lado derecho del puente sin llegar a cruzarlo. Atravesamos una zona de juegos infantiles hasta llegar a un vado de hormigón que permite cruzar el arroyo Meaques.

14,8 Arroyo Meaques (638 m). Lo atravesamos y ascendemos por la pista principal. Al final de la subida alcanzamos de nuevo el límite perimetral de la Casa de Campo pero esta vez la tapia ha sido sustituida por una vulgar alambrada. Al otro lado de la misma se encuentra la carretera de Boadilla del Monte.

15,34 Cambiamos la tapia por el Metro. La línea 10 del Metro pasa a estar a nuestra derecha y sólo tendremos que seguir por la pista que discurre junto a ella para llegar al final del itinerario. Este tramo puede variar ante la inminente construcción de una nueva estación de Metro.

16,0 Puerta del Batán (640 m). Cruzamos la carretera y seguimos en paralelo junto al Metro.

16,9 Metro de Batán y entrada al Parque de Atracciones. Final de la ruta.

Variante 1

La pista transversal de Valdeza

Esta pista divide en dos partes casi iguales el circuito principal y sirve para realizar variantes en forma de "ocho". Su punto de partida se encuentra en el Cruce del Camino de Valdeza, km 3,95 del itinerario y donde ponemos el cuentakilómetros a cero.

0,0 Situados en el cruce giramos a la izquierda, atravesamos una cadena y comenzamos a subir por el camino de Valdeza, una pista ancha y pedregosa. Al rebasar la cadena podemos ver la "Cuesta de la Muerte" a nuestra izquierda.

1,34 Puente Colorado. Antiguo acueducto para el riego del parque. Seguimos recto.

2,06 Carretera del cerro Garabitas (cortada al tráfico). Seguimos recto.

3,1 Pinar. Estamos muy cerca de la puerta de Húmera. Giramos a la derecha por una pista ancha. A 200 metros volvemos a girar a la izquierda hasta la tapia.

3,46 Puerta de Húmera. Enlazamos con el itinerario normal.

Variante 2

La pista de la vía del tren

Esta pista posibilita el retorno rápido desde el kilómetro 8,35 hasta el Puente de los Franceses siguiendo la pista paralela a la vía de Cercanías.

0,0 (8,35 de la ruta normal). Puente sobre la vía del tren. Lo cruzamos y en lugar de girar a la derecha (ruta normal) giramos a la izquierda para seguir una pista paralela a la vía férrea. Esta última quedará siempre a la izquierda.

0,74 Arroyo Antequina. Pasado éste afrontamos una fuerte subida. El siguiente tramo es una divertida sucesión de toboganes.

1,85 Antiguo paso a nivel del Cerro Garabitas. Seguimos recto con la vía a la izquierda.

2,4 Explanada y campos de fútbol junto al Puente de los Franceses. Enlace con la ruta normal.

RUTA 2

DE MADRID A TRES CANTOS: REMEMORANDO LA VIEJA SENDA REAL

LONGITUD: 16,8 kilómetros (sólo el recorrido de ida a Tres Cantos).
DESNIVEL ACUMULADO: 150 metros.
HORARIO: Entre una y dos horas.
DIFICULTAD: Media. Existe algún tramo de sendero "trialero" junto a la vía del ferrocarril y la tapia del Pardo que exigirán un buen dominio de la técnica y del equilibrio sobre la bicicleta.
CARTOGRAFÍA: Hoja a escala 1:50.000 del S.C.R. nº 7.
ACCESOS: No hay problemas de acceso hasta el punto de comienzo, salvo los habituales de circular en bicicleta por Madrid. Extremar la precaución si transitáis por la calle Herrera Oria. La estación de Metro más próxima es Peñagrande. Se puede comenzar también la ruta en la Portillera del Tambor accediendo por la carretera M-612 (Fuencarral-El Pardo). Desde la estación de Pitis (Cercanías y Metro) el acceso es más complicado al tener que atravesar la M-40 y transitar por una zona de infraviviendas. Una última opción es la de comenzar y finalizar la ruta en la estación de Cercanías de El Goloso o girar totalmente el sentido de la ruta y tomar como punto de partida la localidad de Tres Cantos.
OBSERVACIONES: Ruta complementaria con el itinerario nº 3 y nº 4. Además, la ruta propuesta se superpone al G.R. 112 conocido como "Senda Real" que a su vez es el Camino de Santiago desde Madrid. Sin embargo, las obras de ampliación de la autovía M-607 (abril de 2.000) pueden afectar gravemente a este recorrido.

Este camino es una de las pocas opciones que nos quedan a los ciclistas capitalinos para ir desde los barrios del norte de la ciudad hasta la Sierra de Guadarrama sin apenas transitar por asfalto. Desde nuestras primeras incursiones por estos parajes hace más de diez años, mucho ha cambiado este territorio de transición entre la ciudad y el campo. Nuevos barrios y, lo que es peor, infraestructuras como la M-40 o el ferrocarril han fragmentado la zona hasta el punto de impedir el seguimiento de rutas que antes eran muy fáciles de realizar. Aun con estos inconvenientes, el espacio situado al norte del barrio madrileño de Arroyo del Fresno mantiene parte del encanto del pasado: la tapia del Pardo, algunos barrios y colonias de aspecto rural, las viejas conducciones del Canal de Isabel II o el Palacio de la Quinta, muy cercano al comienzo de la ruta. Por desgracia, en la zona tampoco son ajenos: escombreras, infraviviendas y otras actividades marginales.

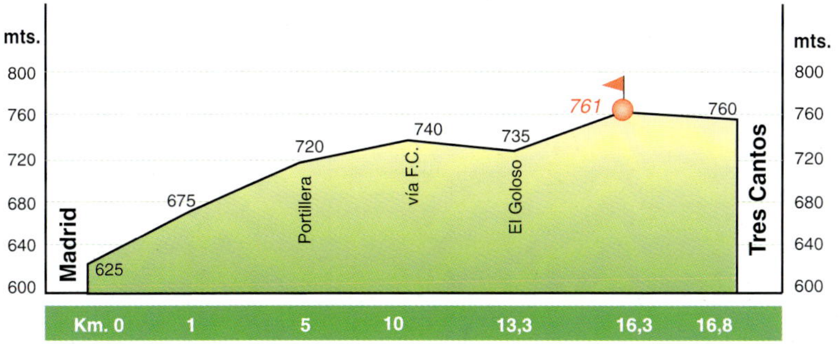

0,0 Avenida del Cardenal Herrera Oria esquina con calle Gavilanes (625 m). Seguimos por Gavilanes, Fresnedillas y Braojos. Al final de esta última calle hay un descampado y un campo de fútbol a la derecha.

0,5 Final de la Calle Braojos. Giramos a la izquierda (norte) y accedemos a uno de los muchos caminos que suben hacia la Portillera del Fresno. Como en este punto la M-40 discurre bajo el túnel de El Pardo cruzaremos sobre la autopista sin apercibirnos de su presencia. El camino asciende hasta llegar a la tapia de El Pardo.

1,0 Tapia de el Pardo (675 m). Giramos a la derecha y seguimos pegados a la tapia. Transitamos por el camino de "Monte Carmelo". A la izquierda tendremos la tapia y a la derecha la autovía M-40. Rebasada la barriada de Monte Carmelo y al otro lado de la tapia se encuentra el Palacio de La Quinta.

3,6 La tapia gira a nuestra izquierda. El camino se aleja momentáneamente de la tapia en busca de la carretera de Fuencarral a El Pardo.

4,0 Carretera M-612 de Fuencarral a El Pardo. Nos incorporamos a la misma en dirección a la izquierda. Leve subida hasta la Portillera del Tambor.

4,8 Portillera del Tambor (720 m). Dejamos la carretera antes de cruzar la puerta. Giramos a la derecha. Hay varios caminos paralelos a la tapia. Cualquiera de estos caminos son idóneos para continuar la ruta. Sólo tenemos que preocuparnos de no perder de vista la tapia, siempre a nuestra izquierda. El camino más ancho de todos coincide con el traza-

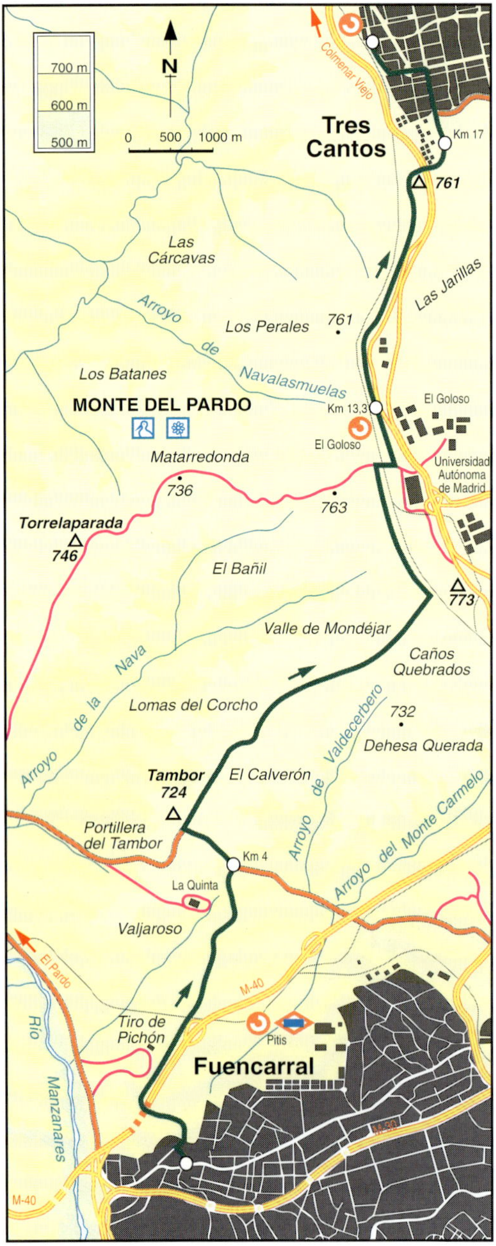

do de una conducción del Canal de Isabel II (CYII).

8,5 La mejor manera de orientarse es mantener la tapia a la izquierda y seguir las indicaciones del CYII, o buscar las numerosas casetas de la tubería hasta llegar al lugar en el que la tapia y la vía del tren confluyen.

11,0 Vía del tren (740 m). Nuestro camino gira a la izquierda (norte) y pasa a discurrir por el estrecho pasillo que se abre entre la tapia perimetral de El Pardo (izquierda) y la vía férrea (derecha). Se trata de un divertido tramo de toboganes algunos de los cuales no son ciclables debido al intenso paso de motos y bicicletas. Precaución con el talud de la vía que tiene un desnivel considerable.

11,9 Puente bajo el tren. Seguimos recto. Vemos algunos ejemplares de alcornoque, un árbol no demasiado habitual en el paisaje madrileño.

12,7 Repecho. A nuestra derecha la vía desaparece a través de un túnel. El ca-

El tramo del camino paralelo a la tapia de El Pardo nos deparará gratas sorpresas

mino asciende y cruza sobre la vía. Estamos muy cerca de la estación de El Goloso. Seguimos por una explanada en dirección a la estación y con la autovía de Colmenar a nuestra derecha. Mientras tanto, la vía reaparece a nuestra izquierda.

13,3 Estación de Cercanías de El Goloso (660 m). El edificio queda a nuestra izquierda y la autovía M-607 a nuestra derecha. Seguimos recto (norte) hasta el final de la explanada. Aquí buscaremos de nuevo la pista del Canal.

13,6 Pista del Canal. Transitaremos por una de esas zonas que son "tierra de nadie", es decir, allí donde pueden llegar los coches a ensuciarlo todo. La autovía estará a nuestra derecha y a la izquierda, pero mucho más alejada que antes, la tapia de El Pardo. En este tramo seguiremos la cómoda pista del Canal que discurre relativamente alejada de la tapia. Si te gustan los caminos en tobogán, puedes buscar alguno de lo que discurren hacia la tapia y la vía férrea.

16,3 Vértice topográfico y torre de alta tensión (761 m). Estamos en el acceso sur a Tres Cantos. Este lugar habrá cambiado su aspecto después de las obras llevadas a cabo en la autovía durante el 2000. Deberemos de encontrar el carril bici bidireccional de la M-607 o en su defecto la calzada que proviene de Colmenar. Seguimos por el carril hasta la pasarela peatonal que permite cruzar a Tres Cantos.

16,8 Tres Cantos. Pasarela peatonal (760 m). Este lugar puede cambiar debido a las obras. En este punto podemos tomar varias opciones, además de la de regresar por el camino utilizado a la ida:

1. Seguir hacia Colmenar enlazando con el trazado de la ruta nº 4.

2. Continuar hasta Tres Cantos y regresar a Madrid en tren.

3. Enlazar por el Monte de Viñuelas con San Sebastián de los Reyes (ruta nº 3).

RUTA 3

TRES CANTOS - SAN SEBASTIÁN DE LOS REYES: UNA VUELTA COMPLETA AL MONTE DE VIÑUELAS

LONGITUD: 30 kilómetros.
DESNIVEL ACUMULADO: 150 metros.
HORARIO: De tres a cuatro horas.
DIFICULTAD: Baja. Hay que extremar la precaución con los bancos de arena y los surcos originados por la lluvia ya que circulamos por caminos muy transitados y erosionados por la escorrentía.
CARTOGRAFÍA: Hojas del Servicio Cartográfico Regional a escala 1:50.000 nº 7 y nº 8. Hojas 534 y 535 a escala 1:50.000 del Servicio Geográfico del Ejército.
ACCESOS: A través de la carretera M-607 (Autovía de Colmenar) hasta Tres Cantos. También podemos ir hasta esta localidad en Cercanías de RENFE. Otro acceso recomendable es siguiendo la autovía de Burgos hasta San Sebastián de los Reyes y de aquí al Polideportivo de la Dehesa de San Sebastián. Desde este punto también podemos iniciar la ruta.
OBSERVACIONES: Ruta ideal para todo el año. Apta para los menos iniciados en la bici e incluso para aquellos que no tienen vehículo ya que se puede acceder en Cercanías. No encontraremos agua en toda la ruta, salvo en el Polideportivo de San Sebastián.

Si vives en Madrid no puedes poner al invierno como excusa para dejar de hacer rutas en bicicleta. Estamos de acuerdo en que tienes menos horas de luz que en el resto del año, de que en la sierra encontrarás nieve y que un gélido aire barre los caminos, pero.... ¿Te imaginas una mañana soleada de invierno pedaleando por rápidos senderos, sin grandes desniveles y con los blancos picos de la sierra como telón de fondo? Estas son las tentaciones que ponemos en tu mano si te decides a recorrer el perímetro del Monte de Viñuelas, una joya ecológica en plena metrópoli madrileña. Esta es la típica ruta que no necesita de grandes madrugones permitiéndote regresar a tiempo para comer con la familia en casa.

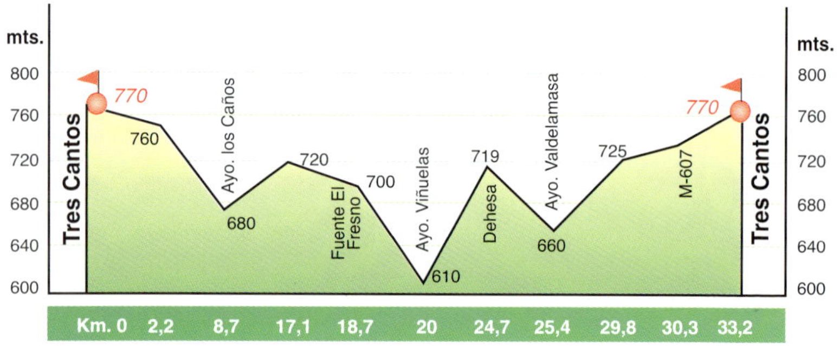

0,0 Estación de Cercanías de Tres Cantos (770 m). Callejeamos por la calle Labradores en dirección al Ayuntamiento. Aquí giramos a la derecha (sur) para seguir por la avenida Encuartes, avenida de Viñuelas y avenida del Parque hasta el acceso sur de Tres Cantos.

2,2 Acceso sur a Tres Cantos (760 m). Antes de que la avenida cruce sobre la autovía de Colmenar, atravesamos con precaución la calzada y bajamos junto a una carretera abandonada que se encuentra pegada a la tapia del Monte de Viñuelas. Tomamos esta carretera a la izquierda. El asfalto deja paso a un estrecho y divertido camino que discurre entre la tapia y la actual carretera del Soto de Viñuelas. Una gasolinera sirve de referencia del camino correcto. (El acceso sur a Tres Cantos es el punto de enlace con las rutas nº 2 y nº 4.)

5,4 Urbanización Soto de Viñuelas. Continuamos recto en dirección a las instalaciones del Canal de Isabel II situadas valle abajo en las inmediaciones del arroyo de la Moraleja. La tapia se mantiene a nuestra derecha. Accedemos momentáneamente a la carretera. Rebasamos a la derecha la entrada al Monte de Viñuelas. Pasado el arroyo comienza de nuevo el camino, que afronta un fuerte repecho. En este tramo tendremos a la izquierda (norte) excelentes vistas de la Sierra de Guadarrama y del cerro de San Pedro. La tapia, a la derecha, será nuestra referencia.

8,7 Arroyo de los Caños (680 m). Cruzamos el arroyo e iniciamos un duro repecho por una pista empedrada. Culminada la subida, si miramos atrás veremos el vértice geodésico Valdelagua. Seguimos de frente (sur) por la pista principal, por un tramo que discurre sobre la loma del

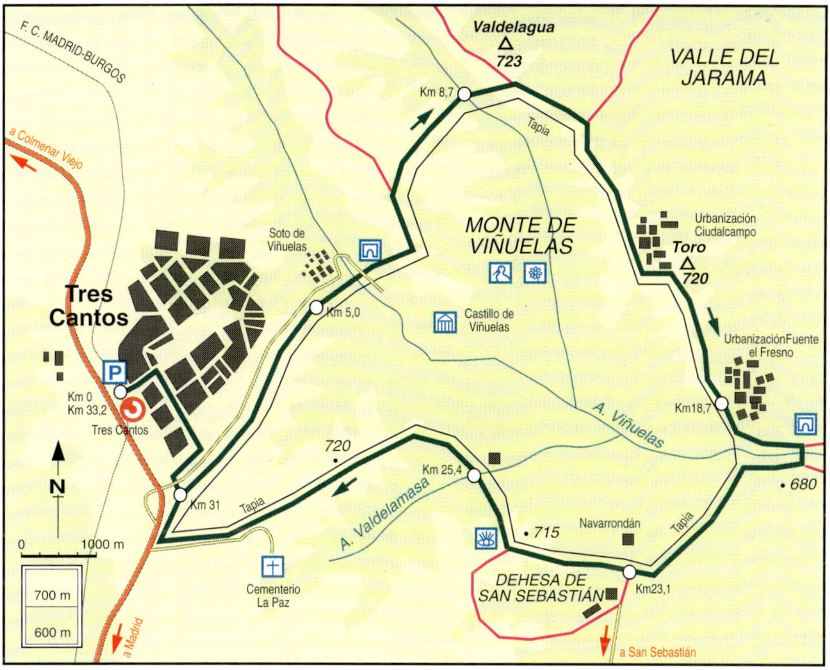

Salto del Lobo. A nuestra izquierda se abre en toda su amplitud el valle del Jarama.

13,2 Puerta metálica. Comienza un tramo muy bonito rodeado de encinas y perfumado por la fragancia de las jaras. La tapia sigue estando a la derecha.

16,8 Urbanización Ciudalcampo. No queda más remedio que callejear entre los chalets de la urbanización. Pasaremos por el Paseo de Chaparral y por la calle Gayo. En la calle Embajador giramos a la derecha. A lo largo de esta calle y a la altura de la calle Corzo retomaremos a la derecha el camino. Unas casas en construcción pueden variar algo este tramo; en cualquier caso, la mejor referencia será continuar por Embajadores y ascender un repecho coronado por un vértice geodésico muy visible.

17,1 Vértice Toro (720 m). Retomamos de nuevo el camino junto a la tapia.

18,7 Urbanización Fuente el Fresno (700 m). De nuevo hay que callejear. Entramos por la Avenida de Viñuelas. Se sigue siempre recto hasta llegar a la calle de La Tribuna donde giraremos a la derecha. ¡Atención! antes de bajar totalmente por esta empinada calle giraremos a la derecha por un sendero junto a una caseta blanca. Aquí se inicia de nuevo el camino, junto a la tapia y en una bajada espectacular. En cualquier caso, por camino o por calle asfaltada debemos llegar hasta la puerta del Puente de Viñuelas.

19,8 Puerta del Puente de Viñuelas (610 m). En este punto es imposible cruzar el arroyo de Viñuelas por lo que tendremos que descender a la izquierda por un camino, con el arroyo a nuestra derecha, hasta llegar a un puente de madera

20,9 Puente de madera. Cruzamos el río Viñuelas y volvemos de nuevo hasta la tapia en la Puerta del Puente de Viñuelas. Iniciamos una larga subida por el camino junto a la tapia.

23,1 Casa de Navarrondan. Tapia y camino giran a la derecha (oeste). Recto llegaríamos al Polideportivo de San Sebastián de los Reyes. Seguimos junto a la tapia.

24,7 Vértice Dehesa de San Sebastián (719 m). Cruce de caminos. Giramos a la derecha (norte) y comenzamos un divertido descenso (junto a la tapia, por supuesto). Como referencia tendremos al fondo el perfil urbano de Tres Cantos.

25,4 Arroyo de Valdelamasa (660 m). Finaliza el descenso. A la derecha aparece una de las entradas a la finca del Soto de Viñuelas. Pasado el cauce comienza un largo ascenso que sólo se suaviza al llegar al vértice Valdelamasa.

29,8 Parque Cementerio de la Paz (725 m). La pista pasa a estar asfaltada y conduce hasta la autovía de Colmenar.

30,3 Autovía de Colmenar (740 m). Seguimos hacia Colmenar Viejo. Llegamos hasta la salida de Tres Cantos.

31,0 Acceso sur a Tres Cantos. Por Avda. del Parque regresamos callejeando hasta la estación.

33,2 Estación de Cercanías de Tres Cantos (770 m).

El Monte de Viñuelas nos permite disfrutar de excelentes panorámicas

RUTA 4
LA VUELTA AL PARQUE DE LA CUENCA ALTA DEL MANZANARES

LONGITUD: 67 kilómetros.
DESNIVEL ACUMULADO: 800 metros.
HORARIO: Entre seis y siete horas.
DIFICULTAD: Alta. El tramo más difícil es el paso del Puente de la Marmota que incluye una ascensión de 500 metros campo a través entre jaras y encinas y con la bici al hombro. La recompensa al esfuerzo la encontraremos cuando estemos frente al desafiante perfil de agujas de granito de la Pedriza en el umbral de Guadarrama.
CARTOGRAFÍA: Hoja del S.C.R. a escala 1:50.000 nº 4 y nº 7. Hojas nº 508, 509 y 534 del S.G.E. a escala 1:50.000.
ACCESOS: Desde Madrid por la Autovía de Colmenar M-607 hasta Tres Cantos. Los que no tenéis automóvil podéis utilizar el servicio de Cercanías de RENFE que os llevará hasta Tres Cantos y en un futuro hasta Colmenar Viejo.
OBSERVACIONES: Ruta complementaria con la vuelta al Monte de Viñuelas. (ruta nº 3). Si tomáis esta opción, nos permitimos sugerirte el dividir la ruta y realizarla en tres jornadas a modo de tres bucles independientes entre sí y con orígenes en cuatro localidades distintas: San Sebastián de los Reyes, Tres Cantos, Colmenar Viejo y Manzanares el Real. En marzo de 2.000 comienzan unas obras de reforma en la autovía que pueden alterar sustancialmente la primera parte de la ruta.

¿Os imagináis poder ir pedaleando por caminos sin pisar casi asfalto desde Tres Cantos hasta la Pedriza del Manzanares? Este es el reto que os proponemos con esta larga travesía que además permite que cada excursionista realice el tramo de circuito que más apetezca, variando los planteamientos iniciales y acomodándolos a su medida. Esta ruta es una verdadera lección de geografía física ya que atraviesa casi todos los ecosistemas de la cuenca media y alta del río Manzanares: dehesas de encinas, riberas y sotos fluviales, zonas de prados y pastos ganaderos. Se trata de una ruta orientada sobre todo a los amantes de la naturaleza, que podrán disfrutar de todos los encantos que ofrece el paisaje serrano. No obstante también habrá lugar para alguna visita cultural; así, como colofón a la ruta podremos contemplar el castillo medieval de Manzanares. Colmenar Viejo atesora un cierto encanto rural como reflejo de la importancia que aún tiene el sector ganadero en esta zona de Madrid.

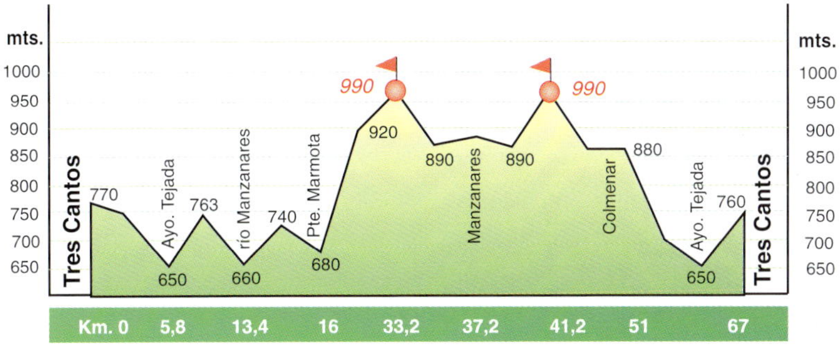

0,0 Estación de Cercanías de Tres Cantos (770 m). Callejeamos por la ciudad en dirección sur buscando la Av. del Parque y el acceso sur de Tres Cantos.

2,2 Acceso sur a Tres Cantos (760 m). Punto de conexión de las rutas nº 2, nº 3 y nº 4. Cruzamos sobre un paso elevado de peatones (pintado de verde) a la otra margen de la autovía de Colmenar. En este punto enlazamos con un sendero que procede de El Goloso y que se dirige hacia el norte, pegado a la calzada de la autovía. Este tramo comienza junto a una marquesina de autobuses. Los metros siguientes discurrirán por un sendero trialero, junto al arcén de la autovía. A la izquierda queda la puerta del Colegio de La Paloma. Este tramo puede cambiar con el nuevo trazado de la autovía M-607 ya que parece ser que por esta calzada discurrirá el carril bici bidireccional.

4,0 Desaparece la alambrada hacia la izquierda, en dirección oeste. Estamos en un punto conocido como "Casa de Valdeloshielos". Dejamos definitivamente la compañía de la autovía para tomar un sendero que parte a nuestra izquierda (suroeste) que desciende radicalmente hacia el valle del arroyo de Tejada. En los sucesivos cruces seguiremos siempre a la izquierda.

5,8 Arroyo de Tejada (650 m). Hemos de cruzar el cauce (en verano estará seco). Más a la izquierda el arroyo se interna a través de una reja en el Monte de El Pardo. Vadeado el arroyo, remontamos una prolongada subida donde el camino se mantiene pegado a la tapia de El Pardo y al arroyo de Navarrondillo.

9,9 Vértice topográfico Valdelaganar (763 m). En este punto finaliza la subida. A la izquierda una puerta accede a El Pardo. La carretera de la derecha se dirige a Colmenar Viejo. Seguimos recto y comenzamos un rápido y peligroso descenso hacia el cauce del río Manzanares.

13,4 Río Manzanares (660 m). En este lugar nos vemos obligados a cambiar la orientación de la ruta, ya que de frente (oeste) la tapia de El Pardo y el propio río hacen de barrera natural. El camino principal rodea la tapia y gira a la derecha (norte) para comenzar un duro ascenso. A 300 metros encontramos una bifurcación que resolvemos siguiendo recto y a la derecha, sin desviarnos.

14,4 Final de la subida (740 m). Cruzamos sobre los restos de una antigua conducción de agua. Inmediatamente vemos un camino que gira a la izquierda, se trata de la espectacular bajada al puente de la Marmota, uno de los parajes más bonitos de la ruta. De frente llegaríamos al Polígono Industrial Sur de Colmenar. Entramos en el Parque Regional de la Cuenca Alta del Manzanares. Hay un mojón de vía pecuaria con la inscripción C-5.

15,0 Nuevo desvío. Seguimos recto y a la izquierda, pegados a una tapia que flanquea nuestro lado derecho. En pocos metros llegaremos a una nueva bifurcación señalada por el mojón C-4. Nuestro camino es el de la derecha, que baja y se convierte en un sendero. Comienza un tramo muy técnico. Este precioso camino se está deteriorando rápidamente por el paso indiscriminado de motos.

16,0 Puente de la Marmota (680 m). Construido en piedra con un único y altísimo arco bajo el que discurre el río Manzanares, aún limpio y saltarín.

16,2 El camino finaliza en un aparente callejón sin salida ya que una tapia de piedra impide seguir. Mirando a la tapia veréis que en el lado de la derecha hay un mojón de cañada y a su lado un hito o montón de piedras. El hito señala un camino que trepa por la empinada ladera. Si el ascenso lo iniciáis unos 20 metros hacia atrás será más fácil subir ya que veréis otro hito en una parte más despejada de la ladera. Este tramo que tiene aproximadamente 500 metros no ciclables permite acceder a una excelente pista que se encuentra al otro lado de la finca. Seguimos subiendo con la bici al hombro y al llegar a la cima de la colina, continuamos por la zona más elevada de la misma. De vez en cuando hay mojones indicando la linde de la finca –por favor intenta colocar alguno más o recoloca las piedras de los actuales–. En algún trecho podréis incluso volver a montar sobre la bicicleta. A la derecha vemos una línea de alta tensión, ésta es una buena referencia ya que coincidiremos con una de sus torres al salir del bosque.

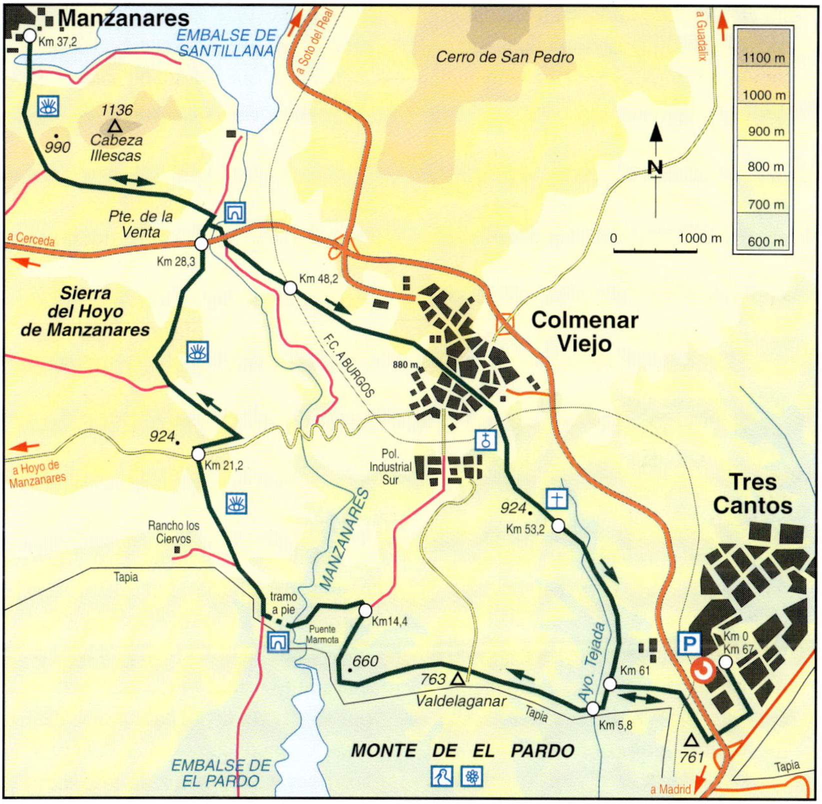

16,8 Puerta de piedra y una valla de alambre. Aquí nos debemos de incorporar a la pista. La línea de alta tensión confluye también en este sitio. Una vez en la pista, giramos hacia la derecha, en dirección norte, para comenzar un progresivo ascenso. Estamos recorriendo una antigua carretera abandonada que a través del Monte de El Pardo hubiera comunicado Madrid con la Sierra.

18,2 El camino llega a una bifurcación. Nosotros giramos a la derecha. La pista que sigue recto (con barrera) conduce a la finca del Rancho de los Ciervos.

21,2 Carretera M-618 de Colmenar Viejo a Hoyo de Manzanares (920 m). Tomamos la carretera hacia la derecha en dirección a Colmenar.

22 La carretera desciende y gira a la derecha. En el lado izquierdo de la calzada, un poco hacia atrás, vemos un camino que cruza en diagonal y que asciende entre tapias de piedra. Abandonamos el asfalto y lo seguimos.

22,4 Atención: la calleja de piedra llega a un alto en el que las tapias se abren hacia el norte dejándonos ver La Maliciosa, Cuerda Larga y la Pedriza. A pesar de que el camino de la derecha está más definido, nosotros seguimos por una estrecha senda que desciende por el lado izquierdo. A partir de ahora seguiremos siempre la cañada principal.

24,18 Por nuestra izquierda se incorpora una pista que procede de la carretera de Hoyo de Manzanares.

24,7 La Cañada se ensancha. A la izquierda dejamos la entrada a una finca. Este tramo en primavera es de una belleza impresionante.

25,2 Encrucijada de cañadas. Tomamos la que desciende a la derecha que discurre pegada a una valla de alambre. Antes de comenzar este espectacular descenso podéis disfrutar de la vista que nos ofrece la Sierra de Guadarrama.

28,35 Carretera de Colmenar a Cerceda (M-607). El asfalto pone final a un tramo en descenso muy bonito en el que hemos ido perdiendo altura hasta llegar a la cota de 880 metros. Cruzamos la carretera y continuamos por la Cañada, esta vez en ascenso. Como referencia, estamos junto al puente de la M-607, sobre el río Manzanares, en un paraje conocido como Puente de la Venta.

28,6 De todos los caminos posibles, tomamos el que sigue recto y a la izquierda (noroeste). El camino de la derecha se dirige, cruzando el Manzanares, a la presa de Santillana. Seguimos las placas de vía pecuaria.

33,2 Cruce con la Cañada Real Segoviana (990 m). Este punto es reconocible por un solitario poste de la luz y por el deposito elevado del Canal de Isabel II que se levanta unos metros hacia el oeste. No llegamos a pasar junto a él ya que para bajar a Manzanares el Real vamos a seguir la Cañada Real Segoviana, que se incorpora por nuestra derecha (conexión con la ruta nº 20). Desde aquí comenzamos un rápido descenso hacia Manzanares, cuyo famoso castillo podemos ver camuflado entre los espectaculares riscos del Parque Regional de la Pedriza del Manzanares.

36,2 Cola del Pantano de Santillana (890 m). Seguimos por asfalto hasta Manzanares. ¡Precaución! en el cruce de acceso al pueblo.

37,2 Manzanares el Real (900 m). Si habéis optado por realizar el circuito largo os recomendamos reponer

❧ La Maliciosa cubierta de nieve, una imagen cada vez menos habitual ❧

fuerzas rápidamente y pensar en el trecho que aún os queda hasta llegar al punto de partida. Regresamos por el mismo camino hasta el Puente de la Venta situado en el km 28,35.

38,2 Cola del Pantano de Santillana (890 m).

41,2 Cruce al final de la subida (990 m). Giramos a la izquierda e iniciamos un largo descenso hasta el Puente de la Venta. Seguimos utilizando el mismo camino de ida.

46,0 Puente de la Venta (880 m). Tenemos frente a nosotros la carretera de Cerceda a Colmenar. Antes de cruzarla hemos de atravesar el río Manzanares y posicionarnos en su orilla izquierda. Desde aquí, pasando bajo la carretera apareceremos al otro lado de la misma, junto a un cruce de caminos. Situados junto a unas chabolas tomamos el camino de la izquierda que asciende ligeramente entre tapias de piedra. Este camino nos llevará sin posibilidad de error hasta Colmenar Viejo. (Marcas de G.R.)

48,2 Paso bajo la vía del tren. Seguimos recto ascendiendo por el camino entre lajas y bloques de piedra. Los más habilidosos apenas tendrán que poner el pie en tierra. Después de una serie de subidas y bajadas, en el último repecho podremos ver la silueta de Colmenar Viejo.

51,0 Colmenar Viejo (880 m). Estamos en el barrio de Santa Teresa. Llegamos a la calle de Mosquilona y callejeando atravesamos Colmenar en dirección sur. Si no conocéis el pueblo es mejor que os indiquen cómo llegar hasta el pabellón deportivo Lorenzo Rico o el Cementerio, nuestra próxima referencia.

52,7 Pabellón Lorenzo Rico. Salimos de Colmenar dejando atrás el Pabellón cruzando por una glorieta la ronda de circunvalación y pasando junto a la ermita de Santa Ana. Desde aquí una pista asfaltada desciende hacia el Cementerio.

53,2 Cementerio de Colmenar. Lo dejamos a nuestra izquierda y continuamos el descenso.

57,9 Arroyo de Tejada (700 m). Final del descenso. Continuamos a la derecha siguiendo, en un divertido y rápido camino, el cauce del arroyo. Hay que vadear el arroyo varias veces.

61,2 Dejamos el Arroyo de Tejada (650 m). Giramos a la izquierda para iniciar un duro ascenso. Estamos de nuevo sobre el trazado del camino de la ida, concretamente en el kilómetro 5,8. Hasta Tres Cantos seguiremos el camino de ida: senda de la autovía, paso elevado, acceso sur y estación de Cercanías.

67,0 Tres Cantos (760 m).

PÁRAMOS, CUESTAS Y VEGAS DEL SURESTE

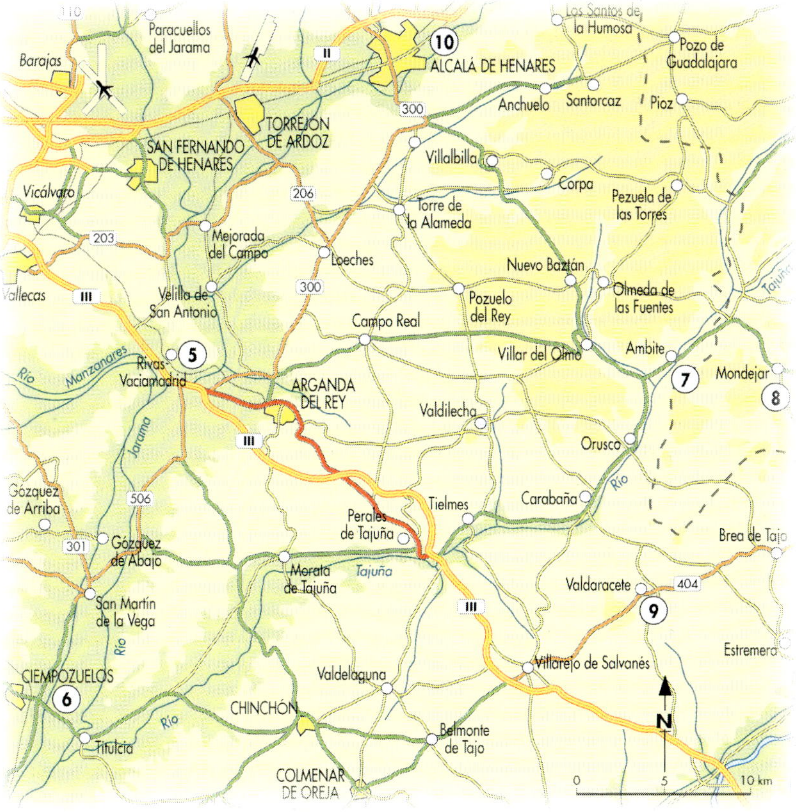

RUTA 5
EL SUR TAMBIÉN EXISTE

LONGITUD: 38 kilómetros.
DESNIVEL ACUMULADO: 100 metros.
HORARIO: De tres a cuatro horas
DIFICULTAD: Baja.
CARTOGRAFÍA: Hojas del Servicio Cartográfico Regional a escala 1:50.000 nº 12 y nº 13. Hojas del Servicio Geográfico del Ejército a escala 1:50.000 nº 559 y nº 582.
ACCESOS: A Rivas-Vaciamadrid se accede en automóvil por la autovía N-III y hasta el cerro de los Ángeles por la autovía N-IV. Es muy recomendable desplazarse a cada uno de los extremos de la ruta en transporte público sobre todo si no disponéis de coche. Para ir al cerro de los Ángeles se puede llegar cómodamente en Cercanías de RENFE (Línea C-9 hasta Getafe Industrial). Para comenzar en Rivas-Vaciamadrid o para finalizar allí la ruta, se puede usar el Metro (línea 9 estación de Rivas-Vaciamadrid).
OBSERVACIONES: La mejor época para recorrer la zona es el invierno y la primavera, el verano es asfixiante y "oloroso" en la proximidad del río y de las depuradoras. Hay multitud de opciones para realizar rutas alternativas y combinaciones de itinerarios utilizando Metro y Cercanías.

La variedad de paisajes y comarcas de nuestra Comunidad permite que en épocas de climatología adversa la zona sur sea una clara alternativa a la Sierra para seguir montando en bicicleta. En la zona que vamos a visitar, confluencia de los ríos Jarama y Manzanares, descubriremos aspectos inimaginables de nuestro paisaje: antiguas cañadas, fincas de toros bravos, verdes prados, barrancos yesíferos, lagunas en donde pasan su invierno miles de aves o los sorprendentes restos de un canal por donde un día navegaron barcos. Por contra, la faceta negativa son los enormes basureros, las depuradoras y las antiguas graveras, con su grave impacto olfativo y visual. A pesar de todo, para nosotros el sur tiene algo especial, además de ser la mejor zona para entrenar en invierno.

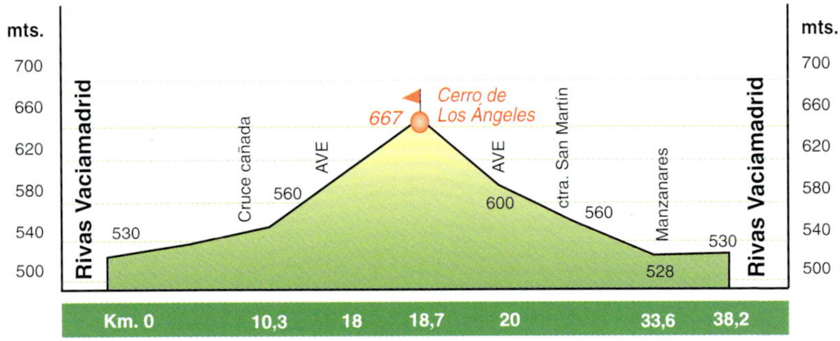

0,0 Estación de Metro de Rivas-Vaciamadrid (530 m). A la derecha del aparcamiento vemos una carretera que pasa bajo las vías. Rebasado el paso, giramos a la izquierda (sentido Valencia) y cruzamos bajo la N-III.

0,5 Hemos pasado bajo la N-III. En una curva a la derecha vemos un camino asfaltado que aparece en el lado opuesto de la calzada; como referencia, hay una señal de stop. Entramos en este camino y lo seguimos a la derecha (indicaciones de "Viveros Ángel"). A la izquierda se levantan los cortados de la Marañosa. El Manzanares traza una amplia curva y vemos sus orillas reforzadas por una escollera.

2,5 Depuradora Sur-Oriental del Ayuntamiento de Madrid, pasada ésta se encuentra "Viveros Ángel" y un poco más adelante la majestuosa y enigmática Escuela Nacional de Protección Civil. Aquí finaliza el asfalto.

4,35 Cruce de la Marañosa. Descartamos la opción de la izquierda que se dirige al Manzanares, en este punto gira la ruta nº 6. Tomamos la pista principal que asciende a la derecha, pero inmediatamente la abandonamos por un camino más pequeño a la izquierda.

6,5 El camino está delimitado por el talud de yeso a la derecha y por una valla de alambre y postes perteneciente a una explotación ganadera a la izquierda. Justo detrás de la alambrada se observan los restos del Canal del Manzanares, construido a mediados del siglo pasado para la comunicación fluvial entre Madrid, Aranjuez y Toledo.

7,71 Cruce (547 m). Atención: no tomar la alternativa de la derecha.

Seguimos recto a pesar de que el camino empeora. La pista ha pasado a ser un camino de roderas más angosto y que en determinadas épocas estará muy encharcado.

9,7 A la izquierda aparece la depuradora Sur, una de las más grandes de toda la Comunidad de Madrid.

10,3 Cruce Importante (560 m). Giramos totalmente a la izquierda (suroeste). Entramos en la Cañada Real Galiana. Si tomáramos la opción de la derecha, saldríamos a la autovía N-III, a través del vertedero de Valdemingómez. También se podría seguir recto por un camino de tierra que conecta con el nudo Super Sur de la M-40 e incluso alcanza el carril bici del Parque Lineal del Manzanares en el Barrio de San Fermín. Ésta es otra buena opción para comenzar o finalizar la ruta.

11,1 Atravesamos el río Manzanares. Curva a la derecha y ligero ascenso. La cañada está bastante deteriorada a pesar de un tímido intento de repoblación forestal. Tramo de asfalto y alternativa en paralelo por camino.

12,25 Cruce de la Cañada Galiana con la carretera M-301 de Perales del Río a San Martín de la

Vega (560 m). Ésta es una de las pocas carreteras de la Comunidad con un verdadero carril bici segregado aunque el mantenimiento del mismo deja que desear. Seguimos recto por la cañada.

13,72 Primer cruce importante. Avanzamos recto por la Cañada.

14,4 Segundo gran cruce. A la izquierda hay una granja abandonada y a la derecha veremos un camino en ligera subida en dirección al Cerro de los Ángeles. Seguimos por este último. El trazado de la Cañada Galiana continúa dirección a Pinto.

16,0 Puente sobre las vías del tren de alta velocidad. Seguimos recto en dirección al Cerro de los Ángeles.

16,8 Carretera de Perales del Río a Getafe. Nos incorporamos a la misma y giramos a izquierda en dirección al Cerro.

18,0 Aparcamiento en la base del Cerro de los Ángeles (610 m). Ascendemos por carretera al Cerro.

18,7 Cerro de los Ángeles (667 m). A la derecha de la verja de entrada al Santuario comienza un empinado descenso entre pinares, de vez en cuando nos cruzaremos con alguna fortificación testimonio de la dura batalla que se libró, durante la Guerra Civil, por la posesión del Cerro. El descenso nos encamina de nuevo a la carretera de Perales.

19,5 Carretera de Getafe a Perales del Río (600 m). Estamos justo en el borde de la plantación de pinos, junto a la carretera y al campo abierto. Entramos en la carretera giramos a la izquierda y retrocedemos por el camino de ida hasta el cruce de la Cañada Galiana con la carretera de San Martín.

20,0 Pista de tierra a la derecha. La tomamos y dejamos la carretera.

20,7 Puente sobre las vías del AVE.

23,4 Cañada Galiana seguimos la opción de la izquierda; a la derecha queda la granja abandonada.

25,5 Carretera de Perales de Río a San Martín de la Vega (560 m). Salimos a la carretera y avanzamos apenas trescientos metros a la derecha en dirección San Martín.

25,8 En el lado izquierdo de la carretera aparece una pista con varias indicaciones, nuestra referencia será “Preresa” y “La Aldehuela”.

28,38 Curva a la derecha. Descendemos y cruzamos sobre un puente, el Arroyo Culebro (550 m). Doble curva y subida entre pinos piñoneros.

28,8 Giramos a la derecha. De fren-

❧ *A la altura de La Marañosa, el Manzanares traza una gran curva, pronto se unirá al Jarama* ❧

te se entra en "Preresa", unos pocos metros más adelante y de frente, aparece el caserío de La Aldehuela. Giramos por la pista a la izquierda.

30,35 Abandonamos el límite municipal de Getafe.

32,81 "Casa Eulogio". A la derecha hay un joven pinar de repoblación perteneciente al paraje de La Marañosa y a la izquierda una gran casa. El camino la rodea y gira a la izquierda.

33,6 Cruzamos el Manzanares (528 m).

33,9 Encrucijada de caminos (anterior kilómetro 4,35). Volvemos por el camino de la ida, por lo tanto giramos a la derecha.

37,7 Autovía N-III. Atravesamos la calzada por el acceso inferior a Rivas.

38,2 Estación de Metro de Rivas Vaciamadrid (530 m).

El sureste de Madrid: rincones llenos de encanto

RUTA 6

UN PASEO POR LAS VEGAS DEL SURESTE

Longitud: 50 Kilómetros (29 kilómetros en la primera etapa y 21 kilómetros en la segunda).
Desnivel acumulado: -50 metros.
Horario: Cinco horas para la ruta completa.
Dificultad: Baja. En cualquier caso recomendamos segmentarla en dos tramos.
Cartografía: Hojas del S.C.R. nº 13 y nº16 a escala 1:50.000. Hoja del S.G.E. nº 582 a escala 1:50.000.
Accesos: Hasta Rivas-Vaciamadrid se accede en automóvil por la autovía N-III o por la línea 9 de Metro. Recomendamos utilizar Metro y Cercanías como enlace a Madrid tanto al comienzo de la ruta, en la posible parada intermedia (Ciempozuelos) y en Aranjuez.
Observaciones: La mejor época para recorrer esta zona de vegas es el invierno y la primavera. Hay multitud de opciones para realizar rutas alternativas y combinaciones de itinerarios con el ferrocarril a modo de enlace y conexión con Madrid. Es recomendable llevar prismáticos o equipo fotográfico para disfrutar con las cigüeñas, cernícalos y las distintas especies de patos que viven en las lagunas.

El Parque Regional del Sureste es un extenso espacio natural definido por un paisaje de vegas y áreas lacustres enmarcadas en páramos de carácter estepario. Los más habituados a cubrir largas distancias sobre la bicicleta disfrutarán al poder realizar una ruta de cincuenta kilómetros sobre pistas, caminos y tranquilas carreteras que dibujan un perfil descendente. Los menos ambiciosos podrán dividir esta ruta en dos cómodas etapas. Esta excursión permite conocer en detalle todos los paisajes de esta comarca de vegas donde coexisten lagunas y sotos fluviales con actividades rurales tradicionales. Si hemos de recomendar una época para recorrer estos valles, ésta es sin duda la primavera. Una paleta de colores originada por la fusión de multitud de florecillas jalonará el paso por los caminos. Las huertas y otros cultivos de regadío vestirán sus mejores galas para recrear la vista de los ciclistas. Como final de ruta nos espera Aranjuez, una ciudad monumental e ideal para un pintoresco paseo en bici.

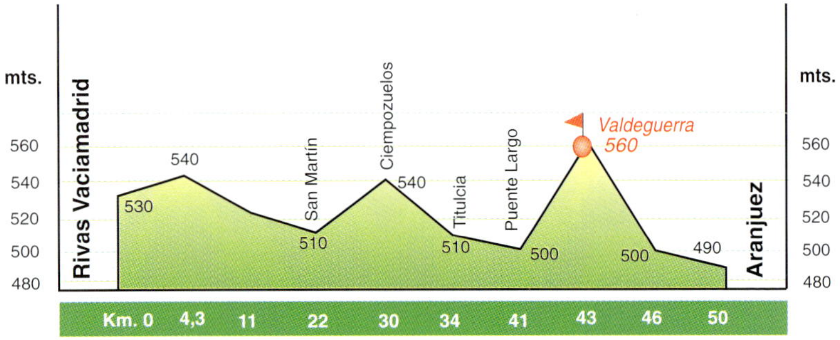

Etapa 1

RIVAS VACIAMADRID-CIEMPOZUELOS

0,0 Estación de Metro de Rivas-Vaciamadrid (530 m). A la derecha del aparcamiento vemos una carretera que pasa bajo las vías. Rebasado el paso, giramos a la izquierda (sentido Valencia) y cruzamos bajo la N-III.

0,5 Hemos pasado bajo la N-III. En una curva ascendente a la derecha, vemos un camino asfaltado que aparece en el lado opuesto de la calzada; como referencia, hay una señal de stop. Entramos en este camino y lo seguimos a la derecha (indicaciones de "Viveros Ángel"). A la izquierda se levantan los cortados de La Marañosa. El Manzanares traza una amplia curva que ha tenido que ser reforzada por una escollera para evitar la fuerza de la corriente.

2,5 Depuradora Sur-Oriental del Ayuntamiento de Madrid. Rebasada la depuradora se halla "Viveros Ángel" y un poco más adelante la majestuosa y enigmática Escuela Nacional de Protección Civil. Aquí finaliza el asfalto.

4,35 Cruce de Casa Eulogio (540 m). Giramos totalmente a la izquierda y seguimos la pista que se dirige hacia el río Manzanares y La Marañosa. (La ruta 5 continúa recto en este punto.)

4,75 Puente sobre el río Manzanares.

5,5 "Casa Eulogio". La pista que gira a la derecha por detrás de la casa conduce a Perales del Río. Nuestro camino es el que continúa por izquierda (noreste), justo en la curva. Vamos a recorrer cinco kilómetros de gran belleza concretamente el espacio que queda entre los cantiles de La Marañosa y la orilla derecha del Manzanares. En los barrancos o

RivasVaciamadrid
N
0 1000 m
600 m
500 m
Escuela de Protección Civil
Km 4,3
Casa Eulogio
Río Manzanares
Coberteras
650
PARQUE REGIONAL DEL SURESTE
Presa del Rey
Vega del Porcal
La Marañosa
Soto de Pajares
Río Jarama
a Villaverde Bajo
a Morata de Tajuña
La Boyeriza
Km 16,1
Gózquez de Arriba
Gózquez de Abajo
Llano del Olivar
a Pinto
San Martín de la Vega
Km 23,7
Molino del Rey
Río Jarama
Valdelacueva
San Antón
Km 29,2
Ciempozuelos
Titulcia

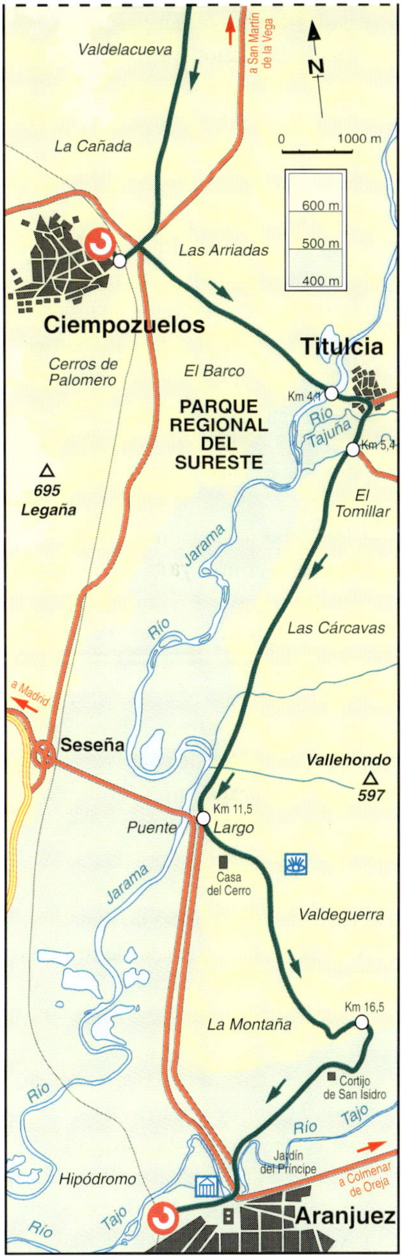
a San Martín de la Vega
N
0 1000 m
600 m
500 m
400 m
Valdelacueva
La Cañada
Las Arriadas
Ciempozuelos
Titulcia
Cerros de Palomero
El Barco
PARQUE REGIONAL DEL SURESTE
Km 4,1
Río Tajuña
Km 5,4
El Tomillar
695
Legaña
Jarama
Río
Las Cárcavas
a Madrid
Seseña
Vallehondo
597
Km 11,5
Puente Largo
Casa del Cerro
Jarama
Valdeguerra
La Montaña
Km 16,5
Cortijo de San Isidro
Río Tajo
Río
Jardín del Príncipe
a Colmenar de Oreja
Hipódromo
Río Tajo
Aranjuez

cantiles de yeso se dan cita gran cantidad de cernícalos que conviven con las abundantes cigüeñas que anidan en Rivas y en las antenas de Radio Nacional de Arganda. En este cruce puede que encontréis un cartel del Ayuntamiento de Rivas prohibiendo el paso debido al peligro de derrumbes. Hacemos caso omiso ya que desde hace siete años en los que un desplome se llevó un tramo del camino las autoridades competentes no han tenido voluntad de arreglar éste ni de mejorar la seguridad del paso, que en la actualidad es óptima.

10,0 "Casa Cuelgamuros". Precaución con los perros ya que pasaremos justo por en medio de las viviendas y éstas se encuentran habitadas.

10,1 Unión del río Manzanares con el Jarama. El entorno es muy bonito, como corresponde a un paraje de ribera fluvial: bosque de galería, juncales, y pequeños huertos. Lamentablemente, en la orilla izquierda del río es fácil intuir la presencia de graveras y maquinaria pesada para la extracción de áridos. Los cernícalos desde sus atalayas nos observan e incluso los patos silvestres se atreven a abrirse paso en un líquido que nos resistimos a catalogar como agua. Atención, nos encontraremos de bruces con el derrumbe que cerró el paso del camino en otoño de 1993. No pueden pasar vehículos pero un sendero permite el paso de bicicletas y de senderistas.

11,0 Presa del Rey (520 m). Se trata de un pequeño embalse que sirve como captación de agua para el Canal del Jarama. Desde la presa seguiremos por la pista de tierra que acompaña en paralelo al canal por su margen izquierda. Ignoramos las señales de prohibido el paso que sólo afectan a vehículos a motor. Aún quedan algunas marcas rojiblancas de cuando se balizó este tramo como G.R.

16,1 Cruce de la Boyeriza. La pista del canal nos ha conducido a este pequeño enclave rural. A la izquierda hay unas casas y una báscula de pesaje. Seguimos recto por el Canal.

19,0 Cruce de Gózquez de Abajo. Se trata de otro pequeño grupo de casas rurales en plena vega. Recto por el Canal.

20,9 El Canal se cruza con la carretera de San Martín de la Vega a Perales del Río. Seguimos por la pista hasta llegar al casco urbano de San Martín de la Vega.

21,8 San Martín de la Vega (510 m). El Canal atraviesa el centro del pueblo, en este tramo su cauce ha sido cubierto dando lugar a una amplia avenida que nos permite atravesar el pueblo.

22,8 Glorieta a la salida de San Martín de la Vega. Abandonamos la

Unión de los ríos Manzanares y Jarama

compañía del canal ya que el camino que le acompaña está cerrado. Giramos a la derecha en la misma glorieta para entrar en la calle Camino de Valdemoro hasta llegar al extremo suroeste del pueblo.

23,7 Fin del casco urbano. La calle se convierte en una pista rural. Justo al alcanzar la falda de los escarpes de yesos, un camino aparece a la izquierda bordeando un olivar. Se trata de un itinerario muy fácil de seguir ya que bordea los áridos cerros de Valdelacueva, situados a la dcha. del camino. Los olivares y la vega del mismo los hallaremos a la izquierda.

29,0 Carretera de San Martín a Ciempozuelos. Finaliza el sendero, giramos a la derecha y por asfalto seguimos hasta Ciempozuelos.

29,2 Glorieta de entrada a Ciempozuelos. Si decidís dar por finalizada aquí la ruta pasaréis por debajo de las vías. Rebasado el puente y a la derecha se encuentra la estación.

29,5 Estación de Ferrocarril de Ciempozuelos (540 m).

Etapa 2

CIEMPOZUELOS-TITULCIA-ARANJUEZ

0,0 Estación de ferrocarril de Ciempozuelos (540 m). Salimos del edificio ferroviario y pasamos bajo las vías del tren. Ante nosotros aparece una glorieta. Seguimos por la carretera M-404 en dirección a Titulcia. Precaución, los próximos cinco kilómetros discurren por asfalto.

4,1 Puente sobre el Jarama.

4,5 Titulcia (510 m). Entramos al pueblo por la calle principal. Antes de llegar a la plaza se encuentra el cruce de Villaconejos.

4,67 Cruce de Villaconejos. Giramos a la derecha en dirección a esta localidad.

5,44 Segundo puente sobre el río Tajuña. Rebasado el puente aparece a la derecha de la carretera una pista de tierra en dirección suroeste. Se trata de una vieja cañada de ganados que nos llevará hasta las proximidades de Aranjuez. En este puente se conecta con la ruta nº 7 que desciende por el valle del Tajuña.

6,42 Seguimos la pista principal que está orientada, durante estos kilómetros, hacia el sur. Este tramo en verano puede resultar un tanto agobiante debido al sol sobre un valle tan ancho y desolado. Hacia la derecha (oeste) podemos ver los áridos escarpes a cuyo pie discurre el Jarama. Se puede distinguir la cuesta de la Reina, pequeño puerto que han de superar los vehículos que a través de la autovía de Andalucía se dirigen a Madrid.

11,5 Puente Largo de Aranjuez (500 m). Situado al final de la recta. No será necesario acceder a la antigua carretera de Andalucía ya que a nuestra izquierda aparecen dos caminos de tierra paralelos. El más exterior es el nuestro, el de la derecha es un camino particular. Por cierto, seguimos guiados por las marcas rojiblancas del G.R. a pesar de estar casi borradas.

13,0 Estamos llegando a un alto. No tomar el camino de la izquierda sino el de la derecha, aunque sea menos evidente. Esta elevación es la divisoria de aguas entre las cuencas del Jarama y del Tajo.

13,67 Paraje de Valdeguerra (590 m). Pequeña agrupación de casas en la culminación de la subida. Comienza el descenso hacia el valle del Tajo.

15,75 Llegamos a un cruce de caminos. A la izquierda se levanta la iglesia abandonada de lo que debió ser un pequeño cementerio. Seguimos recto. A la izquierda continúa la vía pecuaria que recorre el valle del Tajo aguas arriba (este).

16,37 El camino hace una curva de 90 grados. Como referencia, veremos una casa y giraremos a la derecha. Estamos en el clásico camino de la vega, fresco, sombrío y enmarcado por interminables hileras de falsos plátanos.

17,0 Cortijo de San Isidro (500 m). Pequeño poblado agrícola perteneciente a Aranjuez. Giro a la derecha y cinco kilómetros por tranquilas carreteras arboladas hasta Aranjuez.

21,5 Aranjuez (490 m).

RUTA 7

LA "VÍA VERDE" DE LAS VEGAS Y LOS MOLINOS

LONGITUD: 53,5 kilómetros.
DESNIVEL ACUMULADO: -120 metros.
HORARIO: Entre cinco y seis horas
DIFICULTAD: Muy baja.
CARTOGRAFÍA: Hoja del S.C.R. a escala 1:50.000 nº 13, nº 14 y 16. Hojas del S.G.E. nº 583, 584, 605 y 606.
ACCESOS: No existen opciones de acceder en transporte público a excepción de la estación de Metro de Arganda del Rey desde la que tendríamos que desplazarnos a Morata de Tajuña. La carretera N-III sirve como acceso general a la zona a través de Perales de Tajuña.
OBSERVACIONES: Recorrido lineal que se puede prolongar hasta Aranjuez a través de la segunda parte de la ruta nº 6 enlazando en Titulcia. A partir de Perales de Tajuña, esta ruta se abre en dos ramales. Excursión ideal en cualquier época del año excepto el verano, demasiado seco en la zona. Se puede recorrer en ambos sentidos.

El conjunto de pueblos y vegas regadas por el río Tajuña constituyen una zona poco conocida por los madrileños en cuanto a su potencial turístico. La cabecera de este río se encuentra ubicada en Anguita (Guadalajara) muy cerca de Alcolea del Pinar. A lo largo de todo su recorrido el Tajuña no deja de estar acompañado por caminos rurales que permiten realizar de modo íntegro el descenso en bicicleta de montaña por sus orillas. Esta circunstancia permite realizar un recorrido lineal de gran interés ya que permite acceder fácilmente a un corredor geográfico de marcado carácter rural y de enorme belleza paisajística. En el tramo madrileño el atractivo del Tajuña no decae en absoluto. Se atravesarán interesantes pueblos de gran tradición rural. Pasaremos junto a molinos movidos por la corriente del río y por último transitaremos sobre la "Vía Verde del Tajuña", la primera gran obra que se ha llevado a cabo en Madrid para rehabilitar un viejo ferrocarril abandonado como calzada exclusiva para ciclistas y excursionistas.

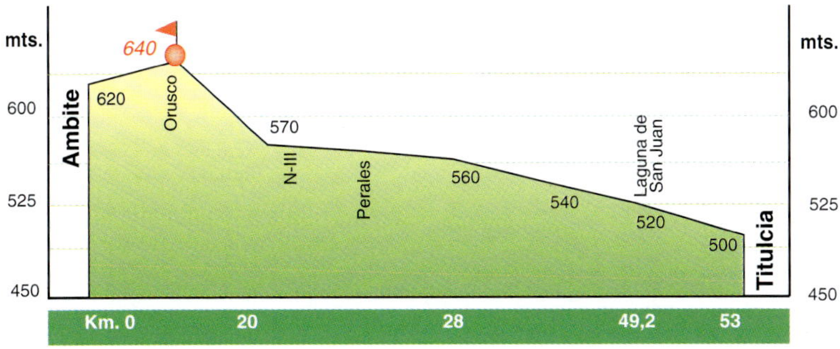

0,0 Ambite (620 m). Esta localidad, como es norma en este valle, se encuentra en la orilla derecha del río y sus calles serpentean orientadas a la solana.

0,8 Abandonamos Ambite siguiendo la carretera que se dirige a Mondéjar. Nada más pasar el estrecho puente aparece a nuestra derecha la antigua estación del Ferrocarril del Tajuña y el campo de fútbol. Desde uno de los córners del mismo parte la pista que sigue el antiguo trazado ferroviario. La presencia del antiguo lecho de piedras, característico de las vías férreas hará suspirar a los que no tengan una bici con suspensión.

3,14 Pasamos bajo un solitario puente que sin la presencia de la vía del tren queda un tanto desangelado.

4,8 Seguimos por la pista principal. En este punto la vía del tren cruzaba el río Tajuña. Afortunadamente en este tramo el paso de los coches ha limpiado el camino de piedras y podemos utilizar el puente para efectuar el cruce.

6,5 Orusco (640 m). En la entrada a la localidad y antes de alcanzar la carretera, aparece a nuestra izquierda una pista de tierra que tomamos. Si quisiéramos seguir hasta Orusco no tendríamos más que seguir por el asfalto unos pocos metros más.

6,89 Un empinado repecho nos hace alcanzar la carretera que discurre desde Orusco a Brea de Tajo. La tomamos a la izquierda y cruzamos el río.

7,0 Abandonamos la carretera ya que bajo el talud del puente divisamos de nuevo el camino que recorre la vega. La pista en este punto se encuentra en perfecto estado. El Tajuña pasa a estar de nuevo a nuestra derecha –así continuará hasta Titulcia–. El tramo que vamos a atravesar a continuación es extremadamente sencillo, sin desviaciones o dificultades que puedan despistarnos, salvo las entradas a las numerosas casas y fincas.

11,88 Carretera de Carabaña-Estremera, la cogemos hacia la derecha, en dirección a Carabaña. No hace falta seguir por asfalto ya que por la parte derecha de la carretera corre en paralelo una ancha cañada que también nos llevará hasta el puente de Carabaña, nuestro próximo destino.

12,33 No llegamos a cruzar el puente sobre el Tajuña ya que en esta orilla aparece una encrucijada. Nosotros hemos de tomar la carretera en dirección a Villarejo de Salvanés, pero a unos 500 metros la abandonaremos para retomar nuestro camino ribereño. De cualquier modo, merece la pena asomarse al puente y ver entre la tupida vegetación el Molino del Puente o del Cisne, uno de los mejor conservados de la vega. En este punto comienza el carril-bici asfaltado de color rojo y que en mayor o menor medida ha intentado reproducir el recorrido del viejo ferrocarril del Tajuña. Su denominación oficial es la de "Vía Verde del Tajuña".

12,8 Abandonamos la carretera ya que a la derecha aparece la pista o carril-bici.

15,06 Seguimos recto. El camino que cruza nuestra ruta es el que comunica el balneario-manantial y la fábrica de bebidas Chavarri-Aguas de Carabaña con la antigua estación de ferrocarril del mismo nombre, hoy abandonada. La historia de este complejo de aguas medicinales es impresionante ya que a principios de siglo las aguas de Carabaña, de propiedades laxantes, eran exportadas desde este solitario rincón madrileño a todo el mundo. Desde la carretera de Tielmes a Carabaña es posible visitar la antigua estación de Chavarri, en la que aún se conservan los rótulos publicitarios de las aguas, los andenes, el depósito de agua para las locomotoras y un jardín con un monumento modernista rodeado por una oxidada verja.

19,0 A nuestra izquierda, pegada al escarpe de yesos se erige la ermita de los Mártires.

19,78 Nos encontramos con otra ermita también en el lado izquierdo, justo en la confluencia del carril-bici con la carretera de Tielmes a Villarejo de Salvanés. De frente está el campo de fútbol de Tielmes. Seguimos las indicaciones de la vía verde.

22,0 Al otro lado del valle, excavadas en la ladera se encuentran las fa-

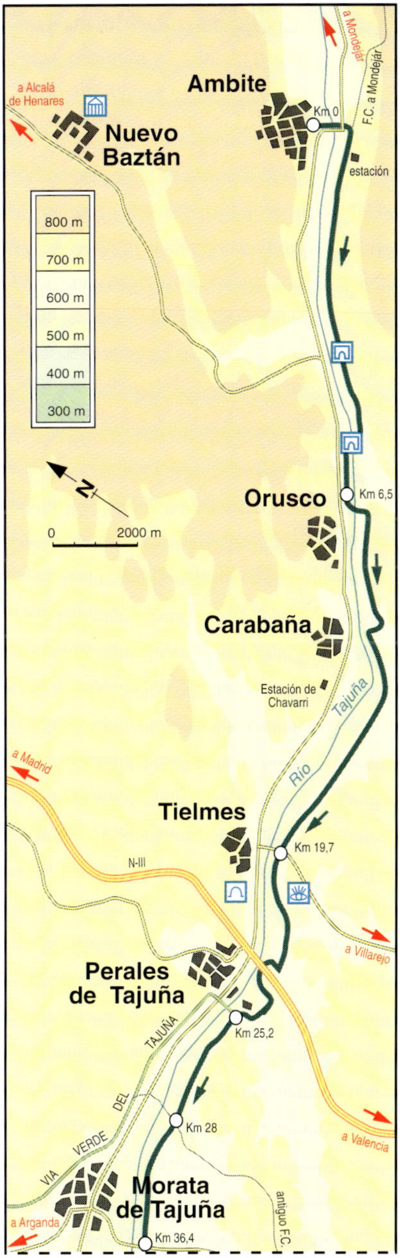
a Alcalá de Henares
Nuevo Baztán
Ambite
Km 0
a Mondejár
F.C. a Mondejár
estación
800 m
700 m
600 m
500 m
400 m
300 m
N
0
2000 m
Km 6,5
Orusco
Carabaña
Estación de Chavarri
Río Tajuña
a Madrid
Tielmes
Km 19,7
N-III
a Villarejo
Perales de Tajuña
Km 25,2
VIA VERDE DEL TAJUÑA
Km 28
a Valencia
Morata de Tajuña
a Arganda
Km 36,4
antiguo F.C.

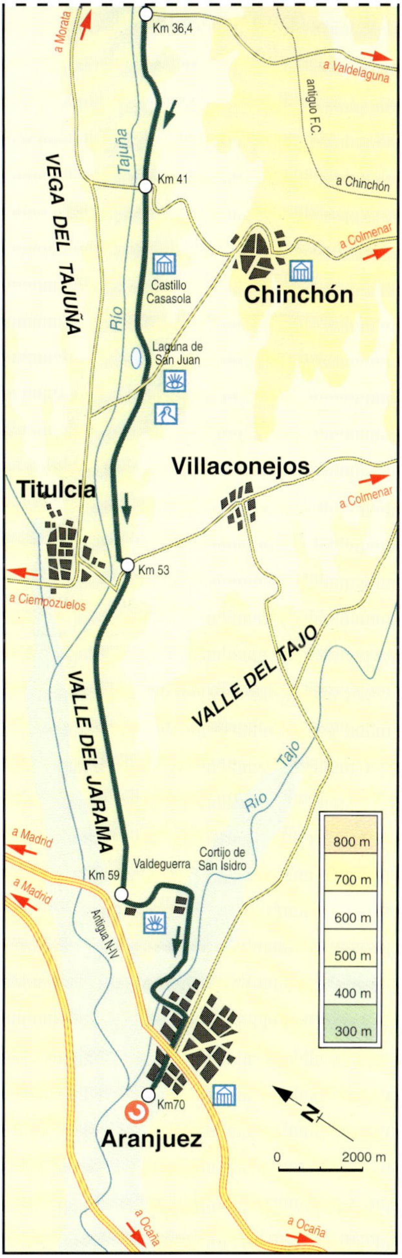
a Morata
Km 36,4
a Valdelaguna
antiguo F.C.
Río Tajuña
VEGA DEL TAJUÑA
Km 41
a Chinchón
a Colmenar
Castillo Casasola
Chinchón
Laguna de San Juan
Villaconejos
Titulcia
a Colmenar
Km 53
a Ciempozuelos
VALLE DEL TAJO
VALLE DEL JARAMA
Río Tajo
a Madrid
Valdeguerra
Cortijo de San Isidro
Km 59
a Madrid
Antigua N-IV
800 m
700 m
600 m
500 m
400 m
300 m
Km70
Aranjuez
N
0
2000 m
a Ocaña
a Ocaña

mosas cuevas de Tielmes, declaradas conjunto histórico-artístico.

22,73 Cruce con la carretera Nacional-III (565 m). Giramos a la derecha y seguimos por el antiguo trazado de la carretera en dirección a Madrid.

22,82 Atravesamos la calzada para cruzar por nuestra izquierda la autovía, bajo el gran puente que salva el Valle del Tajuña. Al otro lado de éste hay una vía de servicio que tomamos a la izquierda, en dirección a Valencia.

23,14 El camino llega a una nave industrial con un rótulo donde se lee "Gutiérrez", la dejamos a nuestra izquierda y retomamos la vía verde, que paradójicamente aún no discurre por el trazado real del ferrocarril sino que lo hará a partir de Perales.

24,17 Llegamos a una pista de tierra que cruza en perpendicular nuestro camino. La seguimos hacia la derecha, en dirección a Perales de Tajuña.

24,52 A la derecha hay una finca con una pequeña plaza para celebrar capeas.

25,27 ¡Atención! En este punto, a la entrada de Perales de Tajuña, se plantean dos opciones. La primera será la de continuar por los caminos que discurren por la margen izquierda del Tajuña (ruta principal) y la segunda consistirá en seguir la Vía Verde hasta Morata (ver la *variante 1*). Nosotros seguiremos ahora por la primera alternativa.

Antes de entrar en Perales, en pleno descenso y en una acusada curva que hace el carril bici hacia la derecha, surge un camino, justo en el lado izquierdo, junto a unas casas. Éste es el trazado que debemos seguir. Abandonamos por tanto el trazado de la Vía Verde que se dirige a Perales después de atravesar una cochambrosa fábrica de papel.

28,08 Llegamos a un cruce con una pista muy ancha (560 m). Se trata del antiguo trazado del ferrocarril que subía a Chinchón y a Colmenar de Oreja y que hoy utilizan los camiones de la empresa "Yesos el 50". De todos los caminos posibles tomamos la prolongación del que traíamos, el más recto, pero no precisamente el más marcado.

28,42 Seguimos recto y a la izquierda por el camino menos definido. La pista de la derecha lleva a unas huertas.

29,23 El camino se ha ido difuminando y ahora quedan solamente las roderas de los vehículos que se abren paso entre los hierbajos. Llegamos a un olivar abandonado y es precisamente en este punto donde os podéis despistar, la solución es seguir recto durante unos 100 metros a través del barbecho para tomar la pista al otro lado del campo.

29,4 Nos acercamos de nuevo un tramo en el que el camino marca el límite entre la vega y los acantilados de barro a cuyo pie corremos. Este tramo es bastante bonito y agradecido ya que los acantilados producen una umbría sobre el camino que en verano es de agradecer.

32,14 Llegamos a la finca "La Estaca". Existen dos caminos, el más recto entra en la finca y el de la izquierda la rodea. Tomamos este último. Entre la vegetación del valle acertamos a ver las casas de Morata de Tajuña.

36,45 Llegamos a una nueva carretera. En esta ocasión se trata de la ruta que une Morata de Tajuña con Valdelaguna. Giramos a la derecha y avanzamos unos metros por asfalto como si fuéramos en dirección a Morata de Tajuña.

36,58 Aparece de nuevo el camino de la vega, a la izquierda de la carretera.

36,8 Seguimos recto por la pista principal sin tomar los sucesivos desvíos que nos vamos encontrando a la derecha.

40,94 Casa a la izquierda (540 m). Estamos en la confluencia de nuestro camino con la carretera que se dirige desde Morata de Tajuña a Chinchón. Tomamos la carretera hacia la izquierda, en dirección a Chinchón, aunque la abandonaremos en breve.

41,4 Dejamos la carretera en la primera curva a la izquierda, justo cuando comienza un pequeño puerto. En la misma curva tomamos un camino a la derecha, con la indicación "El Molino Amarillo". En unos pocos metros nos encontraremos con un letrero de prohibido el paso junto a una limitación de velocidad, es tan sólo para los vehículos a motor, nosotros seguimos sin problema. Una vez pasada la casa tomamos el camino de la izquierda que asciende de modo brusco –realmente es la única subida fuerte después de varias decenas de kilómetros–. La subida culmina en un paraje conocido como "El Salitral" y desde el que se tiene una vista espectacular de la vega.

42,9 Finaliza la cuesta. Antes de comenzar el descenso os recomendamos subir al cerro que se levanta tímidamente a nuestra derecha, la panorámica es incomparable.

43,3 Tras un vertiginoso descenso abandonamos la finca "El Salitral" y volvemos a la vega. Hemos salido a una pista de tierra muy ancha que no es otra cosa que una antigua carretera que si la tomásemos hacia la izquierda nos llevaría a Chinchón. Nosotros la cogemos hacia la derecha para tomar un nuevo camino que aparece en el lado izquierdo de la pista con una indicación al "Castillo de Casasola".

44,1 A la izquierda, sobre un espectacular resalte rocoso se eleva el "Castillo de Casasola". Pese a que las señales rojiblancas de sendero de gran recorrido nos inviten a subir, no merece la pena ya que el acceso, al ser una casa particular, no es libre.

46,1 Alcanzamos la carretera que va desde Titulcia a Chinchón. Nos incorporamos a ella con precaución y la tomamos hacia la izquierda para abandonarla unos 200 metros más adelante, ya que debemos coger una pista que surge por nuestra derecha. Volvemos a nuestra ruta como muy bien indican las marcas rojiblancas del GR.

46,6 Bifurcación. Seguimos por el camino de la izquierda que además de las señales de GR tiene una indicación a la laguna de San Juan, nuestro próximo destino. De nuevo casas y chalets de dudoso gusto hacen acto de presencia.

49,2 Laguna de San Juan (520 m). Ésta es una de las muchas zonas húmedas que jalonan las vegas del sureste madrileño, quizás al ser menos conocida y accesible, su entorno está bastante bien conservado. En realidad, según la época del año de que se trate, los carrizos pueden hacer que pasemos junto a la laguna sin advertir su presencia.

51,9 Con más pena que gloria llegamos a la carretera que va desde Titulcia a Villaconejos. Giramos a la derecha y sin necesidad de tomar el asfalto seguimos por una cañada que discurre paralela a la carretera y que también se dirige a Titulcia.

52,95 Cañada y carretera se funden poco antes de llegar al puente que cruza el cauce del Tajuña.

53,5 Puente sobre el río Tajuña (500 m). En este punto la carretera traza una curva a la derecha y atraviesa el Tajuña. Antes del puente y del otro lado de la carretera parte una pista que es la que sigue la ruta nº 6 hasta Aranjuez. Titulcia se encuentra al otro lado del puente. Aquí podemos dar por concluida nuestra larga ruta. A escasos metros el Tajuña funde sus aguas con el Jarama. Recomendamos de todos modos realizar un último esfuerzo y continuar hasta Aranjuez para lo que seguiremos las indicaciones de la ruta nº 6 tramo 2 (Titulcia-Aranjuez).

Variante 1

Desde Perales de Tajuña a Morata de Tajuña por la Vía Verde

25,27 Continuamos por la Vía Ver-

La antigua vía férrea del Tajuña tiene tramos muy cómodos y atractivos

de hasta Perales de Tajuña. Cruzamos el puente sobre el río y pasamos a la margen derecha del mismo. En Perales la ruta gira a la izquierda (oeste) y recupera, por fin, un verdadero tramo de ferrocarril abandonado. Entramos en la vía férrea en un tramo de trincheras y taludes que fueron excavados para abrir su trazado entre las montañas.

28,3 Explanada junto a la carretera de Morata. En este punto se encontraba la antigua estación de Tajuña donde unía el ramal ferroviario que ascendía hasta Chinchón y Colmenar de Oreja. Cruzando la carretera (izquierda) se puede seguir este ramal y conectar además con la ruta principal que continúa por la orilla contraria del río (km 28,08 de la ruta).

33,7 Morata de Tajuña. Atravesamos gran parte del pueblo siguiendo el trazado de la "Vía Verde".

34,3 Final de la "Vía Verde". Aparcamiento habilitado en el extremo oeste del pueblo. Aquí finaliza la vía rehabilitada pero con un esfuerzo inversor mínimo se podría conectar el tramo ya restaurado con la localidad de Arganda del Rey (con enlace de Metro a Madrid) utilizando para ello el no menos interesante trazado del ferrocarril de la cementera, recientemente desmantelado y que formaba parte del mismo trazado que hemos seguido hasta ahora.

El Valle del Tajuña. Una explosión de color en primavera

RUTA 8

UN RECORRIDO TRASHUMANTE DESDE PASTRANA HASTA VALDARACETE

Longitud: 43,5 kilómetros.

Desnivel acumulado: 100 metros.

Horario: Recomendamos fraccionar la ruta en dos etapas tal y como se propone o plantearla como un relajado viaje cicloturista con alforjas. El tiempo mínimo de recorrido es de seis horas.

Dificultad: Baja. Buena ruta para ser realizarla en grupo. Ideal para los que dispongan de vehículo de apoyo. En los tramos conflictivos es fácil despistarse, conviene estar orientados en todo momento.

Cartografía: Hojas a escala 1:50.000 del S.G.E. nº 561 y nº 584.

Accesos: Hasta Pastrana se accede a través de Guadalajara por la N-II. A Valdaracete se accede por la N-III desde Villarejo.

Observaciones: Ruta ideal para otoño y primavera. En invierno la escasa duración del día hace poco rentable la jornada de pedaleo. El verano es demasiado caluroso.

Esta ruta tiene múltiples alicientes históricos y paisajísticos a la vez que un cierto carácter reivindicativo ya que las cañadas están siendo olvidadas y usurpadas por prácticas ajenas a la ganadería. Esta ruta trashumante nace en tierras riojanas, atraviesa ambas Castillas hasta alcanzar su lejano destino: el Valle de Alcudia. En el tramo escogido para nuestra excursión se atraviesa gran variedad de terrenos y comarcas. El viaje comienza en terrenos de La Alcarria, una extensa meseta tabular tan sólo interrumpida por el curso de ríos encajados en "tajos" o barrancos. Abunda la vegetación mediterránea compuesta de quejigo, encina y roble salpicados de olivares y viñedos. Descenderemos al Valle del Tajo, presidido por fértiles huertas y cultivos extensivos de regadío. Por último y como prólogo a La Mancha ascenderemos a la Mesa de Ocaña, un páramo solitario definido por áridas colinas de yeso. En este viaje no recalaremos en demasiadas poblaciones, siendo Fuentidueña de Tajo el único municipio madrileño que cruzaremos con nuestras bicis.

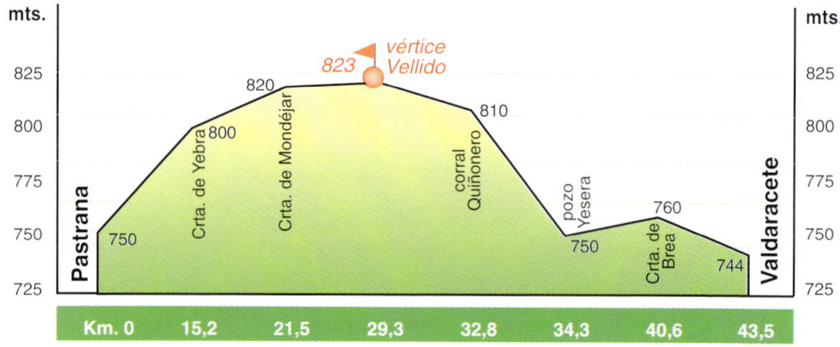

0,0 Pastrana (750 m). Partimos del pueblo por carretera en dirección a Guadalajara. Dejar atrás esta bonita localidad alcarreña supone ascender unas duras rampas por carretera.

3,5 Cruce. Tras culminar la cuesta llegamos al cruce de Escopete. Tomamos esta última dirección –izquierda– por una tranquila carretera.

4,6 Cruce de Hontoba. Seguimos recto dirección a Escopete. En el propio cruce, la Cañada que procede del norte (Fuentelaencina) se solapa con la carretera. Seguimos por asfalto un kilómetro más aunque la cañada ya es transitable por el arcén izquierdo.

5,7 Dejamos el asfalto. Nuestra aventura trashumante empieza justo aquí, al pie de un cartel de Vía Pecuaria de la Junta de Castilla-La Mancha. El trazado cañariego se separa de la carretera –izquierda– y se interna en una espectacular dehesa de robles. El horizonte se encuentra dominado por una topografía ondulante. La soledad demográfica tiene su reflejo en el paisaje. Los campos están siendo colonizados de nuevo por el bosque mediterráneo y las extensas manchas de roble, encina y quejigo hacen de este páramo un territorio sin apenas referencias visuales para orientarse.

8,0 Loma del Rabino. El robledal cede el paso a viñedos y cultivos de girasol. La Cañada es reconocible por la presencia de montoncitos de piedra en sus márgenes conocidos como majanos, chitos o hitos. Recto en dirección suroeste.

9,6 Seguimos recto la pista principal.

10,5 Tramo de gran belleza. Pedaleamos escoltados por hileras de encinas que nos separan de los cultivos circundantes. Las encinas, los campos de cereal y el suelo arcilloso del camino hacen que este tramo tenga un cromatismo peculiar.

11,8 Cruzamos una pista y seguimos recto por un tramo que en época de lluvias debe ser un barrizal. El camino se ve invadido esporádicamente por la vegetación.

12,7 Llegamos frente a una torre de alta tensión. A la izquierda, en una colina y oculta por las encinas, se asoma la "Casa de Monte Nuevo".

14,4 Salimos a una pista que procede de Escariche (a cuatro kilómetros en dirección norte). La seguimos a la izquierda (sur) para dejarla en apenas 300 metros.

14,7 Dejamos la pista. La Cañada sigue a la derecha. Junto al camino vemos una explotación agrícola con unas naves.

15,2 Carretera de Fuentenovilla a Yebra (800 m). El cruce está señalizado por placas de vía pecuaria de la Junta de Castilla-La Mancha. A partir de este punto el paisaje cambia de aspecto pasando a dominar la componente agraria sobre el bosque autóctono. La cercanía de Mondejar empieza a hacerse patente por la mayor presencia de viñedos.

17,6 Cruzamos una pista y seguimos recto.

18,37 Después de un suave descenso alcanzamos un grupo de chopos en donde la Cañada gira a la izquierda (sur). Como referencia, veremos la blanca cúpula de un chozo de pastores.

18,5 En escasos metros giramos a la derecha y volvemos a tomar un camino de frente (sur).

18,9 Tanto en esta bifurcación como en la siguiente, (a 500 metros) seguiremos recto por el ramal de la izquierda, y siempre en dirección suroeste.

20,0 Cruce importante. Una ancha pista cruza la Cañada, justo en un lugar en el que se levanta un puentecito de un solo arco. Este camino en realidad es el trazado del antiguo ferrocarril que, procedente de Madrid, Arganda y el valle del Tajuña llegaba a Mondéjar y Alocén. Ésta es la mejor opción para aquellos que necesiten ir a Mondéjar a avituallarse e incluso a conectar con la ruta 7 que desciende por el Valle del Tajuña. En los siguientes kilómetros recorreremos una comarca situada en el límite entre las provincias de Madrid y Guadalajara. En lo referente a la vegetación, se recupera el equilibrio entre el paisaje cultivado: viñedo, cereal y olivo, la llamada trilogía mediterránea, y el ecosistema autóctono: bosque mediterráneo xerófilo con abundancia de encina, quejigo y notables manchas de roble.

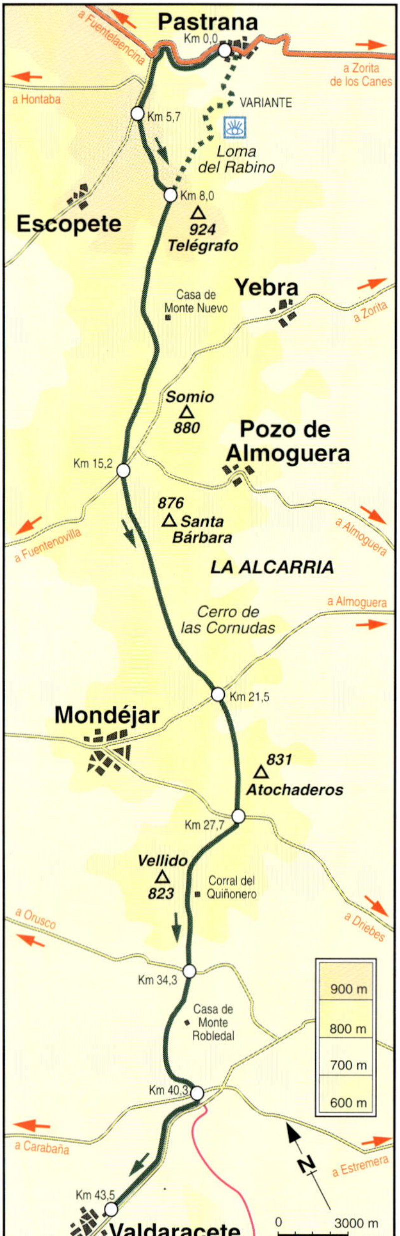

21,5 Carretera de Mondéjar a Almoguera (820 m). El cruce se reconoce fácilmente por la señal de vía pecuaria de la Junta de Castilla-La Mancha pero sobre todo por la habitual acumulación de basuras y escombros propios de los tramos de Cañada más accesibles a los incivilizados. A la izquierda se encuentra una construcción que nos empieza a ser familiar; los chozos encalados de cúpula cónica para el abrigo de los pastores.

27,4 Intersección. Seguimos recto.

27,7 Carretera de Mondéjar a Driebes. La Cañada está señalizada por el aparatoso cartel de la Junta de Castilla-La Mancha. Seguimos recto. A los pocos metros vemos un chozo, centinela de un extenso viñedo.

28,5 De nuevo llegamos a un cruce en el que seguiremos recto (suroeste), ascendiendo un corto tramo hacia un vértice topográfico.

29,3 Vértice Topográfico Vellido (823 m).

30,0 Tras un corto descenso llegamos a un cruce con dos pistas. La Cañada las atraviesa, y, siguiendo en dirección este-suroeste, asciende la empinada ladera que aparece de frente.

30,3 Límite administrativo de la Co-

Pastrana, origen de nuestro viaje trashumante

munidad de Madrid. Coexisten dos carteles de vía pecuaria en mitad del campo. El primero es el de la Junta de Castilla-La Mancha, Comunidad que abandonamos; al otro lado de la imaginaria línea fronteriza, el de la Comunidad de Madrid. Nos recreamos en el dilatado horizonte que se abre ante nosotros y donde se mezclan en una composición casi pictórica el viñedo, los olivares, alguna zona de cereal y terrenos abandonados donde la encina está volviendo a desarrollarse espontáneamente.

30,5 Seguimos recto por la pista principal. La Cañada en este tramo mantiene su trazado por la divisoria de aguas de los ríos Tajo y Tajuña.

30,8 Nos incorporamos a una pista ancha que aparece a nuestra derecha y seguimos recto.

31,2 ¡Ojo! La pista nos abandona hacia la izquierda y nosotros seguimos recto, por un camino menos importante.

31,8 Atención de nuevo, la pista principal gira y desciende a la derecha. La abandonamos, seguimos recto por la línea de cumbre y pasamos junto a unas piedras.

32,8 Corral del Quiñonero (810 m). Se trata de un chozo que se encuentra a nuestra izquierda. Seguimos recto por el camino y nos encontramos frente a la depresión del valle de Valdeomeña al que vamos a descender.

33,4 Descenso. Para evitar unos cultivos, el camino rodea un pequeño valle y describe una cerrada curva por donde rápidamente perderemos altura.

34,3 Carretera de Orusco a Brea de Tajo (750 m). A la derecha se encuentra la urbanización de Valdeomeña. Cruzamos la carretera en el lugar donde hay sendos carteles de vía pecuaria para comenzar un corto pero sofocante ascenso.

35,3 Pozo de la Yesera. En este bonito paraje se encuentra un robledal salpicado por grandes encinas. Atención, el camino que hay que seguir es el de la derecha. El pozo quedará a nuestra izquierda, junto al camino que se dirige a la finca de "Casa de Monte Nuevo".

36,4 Cruce con placa de vía pecuaria. Seguimos recto.

38,1 Cruce. En este caso la placa de vía pecuaria ha sido atravesada por las balas de algún *descerebrado,* seguimos recto.

39,2 Atención, tras un descenso giramos a la izquierda, en una curva cerrada. No sigáis recto por el camino que pasa bajo el puente de la carretera.

40,3 Carretera de Carabaña a Estremera. Seguimos recto. Si necesitáis agua, siguiendo por la carretera, a la izquierda llegaremos a un cruce y tomando dirección a Brea de Tajo a pocos metros encontraremos la Fuente de los Peques.

40,6 Carretera de Valdaracete a Brea de Tajo (760 m). Giramos a la derecha y seguimos unos 200 metros por asfalto hasta que aparece en la cuneta de la izquierda la señal de vía pecuaria. Si habéis decidido concluir esta etapa en Valdarecete deberéis cubrir los próximos tres kilómetros por asfalto. Sino es así, tendréis que girar a la izquierda junto a la placa y seguir la descripción indicada en la ruta 9.

43,5 Valdaracete (744 m).

Paisajes de La Alcarria en pleno estío

RUTA 9

UN RECORRIDO TRASHUMANTE DESDE VALDARACETE HASTA SANTA CRUZ DE LA ZARZA

LONGITUD: 34,6 kilómetros.

DESNIVEL ACUMULADO: 230 metros.

HORARIO: Este segundo tramo del viaje trashumante se puede cubrir en apenas tres horas.

DIFICULTAD: Baja. Mantiene las características ya comentadas en el tramo I.

ACCESOS: Para ir a Valdaracete lo mejor será hacerlo a través de Villarejo de Salvanés por la N-III. A Santa Cruz de la Zarza se accede también por la N-III.

CARTOGRAFÍA: Hojas a escala 1:50.000 del S.G.E. nº 584 y nº 607.

OBSERVACIONES: Ruta ideal para otoño y primavera. En verano no es recomendable atravesar estas llanuras. En invierno la escasa duración de día hace poco rentable la jornada de pedaleo.

La segunda etapa de nuestro peculiar viaje trashumante por el sureste madrileño comienza en la pequeña localidad de Valdaracete. Se trata de una población de marcado carácter agrícola de apenas setecientos habitantes que viven mayoritariamente de los cultivos de secano, de los olivares y de la vid. A lo largo de la jornada descenderemos paulatinamente hasta alcanzar el valle del Tajo. Atrás queda la Alcarria y el páramo de Villarejo. Desde Fuentidueña atravesaremos la fértil Vega del Tajo para penetrar en el árido paisaje de la meseta conocida como la Mesa de Ocaña. Santa Cruz de la Zarza es el punto y seguido de un viaje que aún se podría alargar hasta tierras de Ciudad Real.

Desde Valdaracete hasta Santa Cruz de la Zarza

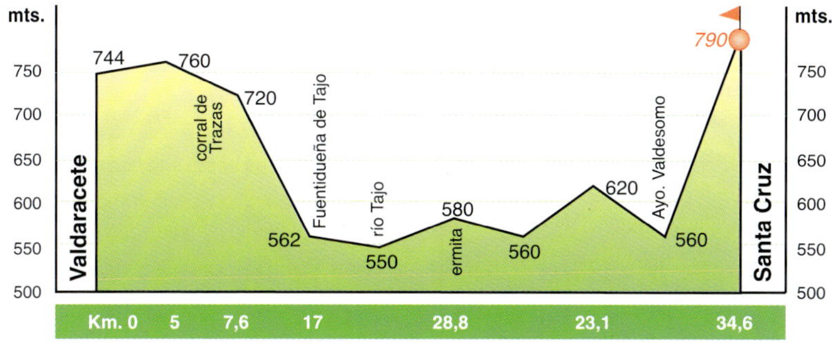

0,0 Valdaracete (744 m). Partimos desde el centro del pueblo hasta la carretera M-222 en dirección a Brea (izquierda). Hasta enlazar con la Cañada Real recomendamos seguir durante los próximos tres kilómetros por carretera, aunque cualquiera de los caminos que parten de la margen derecha de la carretera en dirección sureste termina enlazando con la ruta pecuaria.

3,0 Mojón del PK 13 de la M-222 (760 m). En la cuneta de la derecha aparece la señal de vía pecuaria. Abandonamos la carretera hacia el lado derecho (sur). Nos internamos en un bonito tramo de olivar y bosquetes de quejigos.

5,6 A nuestra derecha se incorpora un camino que procede de Valdaracete. Seguimos descendiendo recto.

7,6 Llegamos a una intersección de caminos (720 m). A nuestra izquierda vemos las ruinas del Corral de Trazas y a la derecha comienza un extenso viñedo. seguimos recto en dirección sur.

8,0 El camino de la derecha entra en el viñedo. La Cañada desciende recto (sur). En este punto se abre el valle de Valseco, cuyo cauce nos servirá de guía hasta llegar a Fuentidueña de Tajo.

8,6 No será extraño que tengamos que atravesar algún sembrado, en cualquier caso son tramos cortos.

9,5 A la derecha se incorpora un camino flanqueado por arbolitos. Llegamos a una frondosa chopera que dejamos a la izquierda, según descendamos por el valle.

10,8 Acaba la chopera y el valle queda despoblado. En días claros se ve en

el horizonte la silueta lejana de la iglesia de Santa Cruz de la Zarza. Más próximo podemos ver el torreón del castillo de Fuentidueña de Tajo.

11,4 Hemos de cruzar al otro lado del cauce ya que el camino principal gira a la derecha y abandona el valle.

14,4 Casa. Giramos a la derecha para cruzar de nuevo el cauce.

15,6 Autovía N-III. Pasamos por debajo.

16,6 Fuentidueña de Tajo (562 m). Lugar clave para las comunicaciones con Levante y La Mancha como lo atestigua su castillo y a cuyos pies discurre la Cañada. Abandonamos Fuentidueña desde la plaza del Primero de Mayo. Pasamos al lado de la "Casa de los Niños" y llegamos junto al Tajo. Seguimos por su orilla derecha.

17,1 Puente de Hierro (550 m). Antiguo paso de la carretera de Valencia, atestiguado por la presencia de la vieja casa de peones camineros. Cruzamos el Tajo a través del puente y seguimos por la orilla izquierda del río junto a una bonita zona recreativa.

18,0 Nos incorporamos a un ancho camino. Seguimos río abajo, un poco más adelante pasamos junto a una gravera.

Los páramos de Villarejo, un paisaje agrario del sureste de Madrid

20,33 Repentinamente comenzamos un ascenso hacia el sur que nos separará definitivamente del Tajo.

20,8 La Ermita de la Virgen de Alarilla y el repetidor de televisión quedan a nuestra derecha (580 m). En este punto vemos que hay una placa de vía pecuaria. Dejamos la cómoda pista de tierra y seguimos la Cañada en un tramo confuso que pondrá a prueba nuestra capacidad de rastreadores de vías pecuarias.

21,2 Descendemos hacia el barranco de la Virgen de Alarilla pero aún no lo llegamos a cruzar sino que seguimos las huellas de la ladera de la izquierda.

21,6 Cruzamos uno de los cauces del barranco (560 m).

21,8 Cruzamos el segundo cauce e iniciamos un ascenso por campo abierto –hay numerosas huellas del paso del ganado– en dirección suroeste hasta que salimos a un ancho camino que cruza en diagonal. A nuestra izquierda veremos la construcción encalada del Caserío de Alarilla. El paisaje empieza a mostrarse con toda su árida desnudez.

23,0 El camino se bifurca en un pequeño alto. Tomamos el ramal de la derecha que se dirige hacia las ruinas de una casa. El paso por este punto es obligado para evitar perdernos.

23,1 Ruinas (620 m). El camino las atraviesa y comienza el descenso hacia el arroyo de Valdesomo. En la bajada hay que observar la ladera de enfrente para distinguir el camino de ascenso, por el que tendremos que remontar la ladera.

23,9 Cruce del arroyo de Valdesomo (560 m). Ascendemos junto a un sembrado para enlazar con el camino de subida.

24,7 Acaba la subida y salimos a una pista ancha que se incorpora a la derecha. Seguimos recto (sur).

25,1 Abandonamos la Comunidad de Madrid. Un cartel de vía pecuaria nos despide. Entramos en la provincia de Toledo. Curiosamente durante un tramo, la Cañada hace de límite entre esta provincia y la de Cuenca.

28,6 Aparece el perfil, aún lejano, de Santa Cruz de la Zarza.

33,3 Campo de tiro los Yesares.

34,4 Entramos en Santa Cruz de la Zarza junto al cementerio y la calle Merchan.

34,6 Santa Cruz de la Zarza (790 m). Plaza de la Constitución.

RUTA 10
BARRANCOS Y MESETAS EN LA CUNA DE CERVANTES

Longitud: 38 kilómetros.
Desnivel acumulado: 584 metros.
Horario: De tres a cuatro horas.
Dificultad: Media-alta sobre todo en los ascensos a través de los cañones y las cárcavas de la primera parte. El inicio de la ruta es algo técnico y divertido, para continuar con subidas mantenidas y alguna bajada rápida, sin faltar zonas llanas en los tramos finales.
Cartografía: Hoja del S.C.R. a escala 1:50.000 nº 8 y nº 9. Hoja nº 560 del S. G.E., 1:50.000.
Accesos: A través de la autovía N-II dirección Guadalajara. Una vez en Alcalá, buscaremos la carretera de Pastrana, más conocida como la subida al Gurugú. Cruzaremos el puente sobre el río Henares, y justo enfrente del Cementerio Jardín veremos una explanada con una caseta en el centro, es la entrada al Parque Natural. Los que no tengan coche podrán llegar hasta Alcalá en Cercanías de RENFE.
Observaciones: Ruta ideal para cualquier época del año, siempre que no haya llovido en exceso, debido a la presencia de barro. Cuidado con las épocas de caza ya que se cruza una finca privada donde se realiza esta actividad.

El Parque Natural se ubica en la orilla izquierda del río Henares. Es un territorio profuso en barrancos y cárcavas. De gran interés paisajístico, su actual aspecto es el fruto de la acción erosiva del río sobre los materiales muy blandos y que en esta zona son una prolongación natural de la meseta alcarreña. El Parque es muy profuso en sendas y caminos y, por ello, se pueden hacer incontables variaciones sobre la ruta que proponemos: desde senderos radicales y difíciles hasta el más sencillo paseo. Próxima a nuestra ruta se encuentra Alcalá de Henares, una ciudad donde el ciclismo goza de una gran popularidad. A buen seguro que si decidís realizar este itinerario, tendréis compañía de otros ciclistas en muchos de sus tramos. Aunque el fin es pedalear, tampoco estará de más dar un paseo por la historia de esta villa, Patrimonio de la Humanidad y conocida por ser la cuna de Miguel de Cervantes.

0,0 Entrada a la Reserva Natural (600 m). Bajamos por el camino que aparece a la izquierda, justo hasta un cartel metálico. En este punto giraremos a la derecha para, pasando por una explanada, tomar un camino muy evidente. También podemos bajar por una pendiente que aparece a la derecha de la entrada del Parque. Siguiendo por la pista, dejaremos a la izquierda una pequeña pinada y dos desvíos consecutivos a derecha e izquierda respectivamente. Continuamos y cogemos una bifurcación a la izquierda, que identificaremos por estar junto a una pequeña explanada en la que hay una reja metálica en el suelo, antigua salida de pruebas de motocross.

1,2 Arroyo de la Zarza (620 m). La senda recorre el cauce del arroyo y se encajona paulatinamente hasta finalizar en un túnel que debemos atravesar. No continuar por la senda que aparece al frente.

3,0 Túnel (660 m). Una vez rebasada la galería, superaremos una pequeña senda, fruto de un desprendimiento y en 50 metros nos desviaremos a la derecha, por un camino muy encajonado. Recorreremos de nuevo unos 50 metros y giraremos a la izquierda tras superar un escalón en curva. La senda continúa en ascensión pero nosotros la despreciamos. Continuamos por la senda encajonada, realizando sucesivas curvas para finalizar en tres pequeños toboganes que nos dejarán en un cruce a derecha e izquierda. Hasta aquí la parte más divertida de la ruta. Seguimos hacia la derecha, ascendiendo casi sin darnos cuenta el último trecho del Arroyo de la Zarza. Aquí hay un punto técnicamente difícil que es una pequeña, pero intensa, subida en curva hacia la derecha. Un cortado a nuestra izquierda nos invita a poner pie en tierra.

5,0 Explanada arbolada (620 m). En

este lugar seguiremos hacia la derecha por una pista evidente. Opcionalmente podemos atravesar un pinar a la izquierda para acometer la subida al Ecce-Homo (835 m) una alternativa que se verá compensada por las vistas panorámicas de la cima. De nuevo en la pista, veremos que hay un momento en el que la pendiente aumenta de forma ostensible y se complica con un firme pedregoso. Seguiremos subiendo ya con mejor firme en un tramo de zetas.

6,0 Alto del Llano (842 m). Vista impresionante de Guadalajara y Azuqueca de Henares. Hacia nuestra izquierda vemos la meseta del Ecce-Homo. Tras sobrepasar una cadena que nos indica la existencia de una finca particular –no suele haber problemas si no es época de caza– giramos a la derecha por un claro camino. Por esta pista dejaremos a nuestra derecha las "Casas del Llano". Dos árboles nos marcan el punto donde tenemos que desviarnos hacia la izquierda, para terminar esta parte del recorrido en una pronunciada bajada pedregosa.

9,0 Cruce de caminos (780 m). Giramos a la derecha. Empezamos a bajar teniendo mucho cuidado con los regueros hasta llegar a un cruce marcado con un cartel de finca privada. Giramos a la izquierda para, tras llanear unos 200 metros, empezar por un ancho camino la ascensión a Los Santos de la Humosa.

12,9 Los Santos de la Humosa

(892 m). No entramos en el pueblo. Estamos frente a una estación de seguimiento de radares. En un cruce en el que tenemos a la izquierda una de las calles del pueblo, nosotros giraremos a la derecha para llegar hasta la carretera que une Los Santos con Santorcaz. Este último pueblo lo iremos viendo hacia nuestra derecha.

16,0 Abandonamos la carretera a la izquierda por una senda. Esta senda se encuentra unos 100 metros antes de llegar a una pinada que surge en la margen derecha de la carretera. La reconoceremos porque corre paralela a un pequeño arroyo. La senda comienza a subir. Nos encontraremos dos cruces; uno coincide con un sembrado y el otro con una brusca curva a la derecha. En ambos casos giraremos a la derecha. Tras despreciar un ramal a la derecha y otro a la izquierda, llegamos a la carretera de Santorcaz.

18,0 Santorcaz (880 m). Por la primera calle hacia la izquierda. Este camino, tras girar sucesivamente a derecha e izquierda sube hasta la ermita de la Concepción, donde podremos observar una placa en memoria de unos militares fallecidos en saltos paracaidistas. Despreciamos el camino que nos sale a la izquierda y continuamos de frente. Nuestro próximo objetivo es el repetidor de Anchuelo, que podemos ver a nuestra derecha. Para llegar hasta él tomaremos el tercer desvío a la derecha.

25,1 Repetidor de Anchuelo (869 m). Lo dejamos a nuestra izquierda para, despreciando posteriormente sendos ramales a derecha e izquierda, continuar de frente. Esta senda, básicamente, desciende hasta un arroyo y vuelve a ascender para desembocar en una pista asfaltada que da acceso a una urbanización llamada El Robledal.

26,8 Urbanización El Robledal. Descendemos por la pista hasta llegar a la carretera de Villalbilla.

29,0 Villalbilla (750 m). Giramos a la derecha y tomamos la carretera de Alcalá para abandonarla en poco más de un kilómetro para seguir por un camino a la derecha. Este cruce se encuentra a la altura del kilómetro 3,2 de la citada carretera, antes de llegar a unas naves industriales que se encuentran en su margen izquierda. Seguiremos siempre este camino de frente, llaneando hasta confluir en la carretera Alcalá-Anchuelo.

32,5 Carretera Alcalá-Anchuelo (690 m). Cruzamos la carretera para continuar por un camino ascendente.

34,0 Portón de Anchuelo (780 m). Acceso al Parque Natural. Cruce fácilmente identificable por los dos

Cárcavas y barrancos sobre la vega del Henares

pilares que sostienen una cadena que impide el paso a los vehículos, además de un cartel metálico con recomendaciones de acceso al Parque. En este punto continuaremos por la pista ancha que nos aparece de frente y, que sin desvío ninguno, nos dejará en la entrada del Parque Natural.

38,0 Entrada al Parque Natural (600 m).

Enigmáticos barrancos y altas mesetas

SOMOSIERRA Y SIERRA NORTE

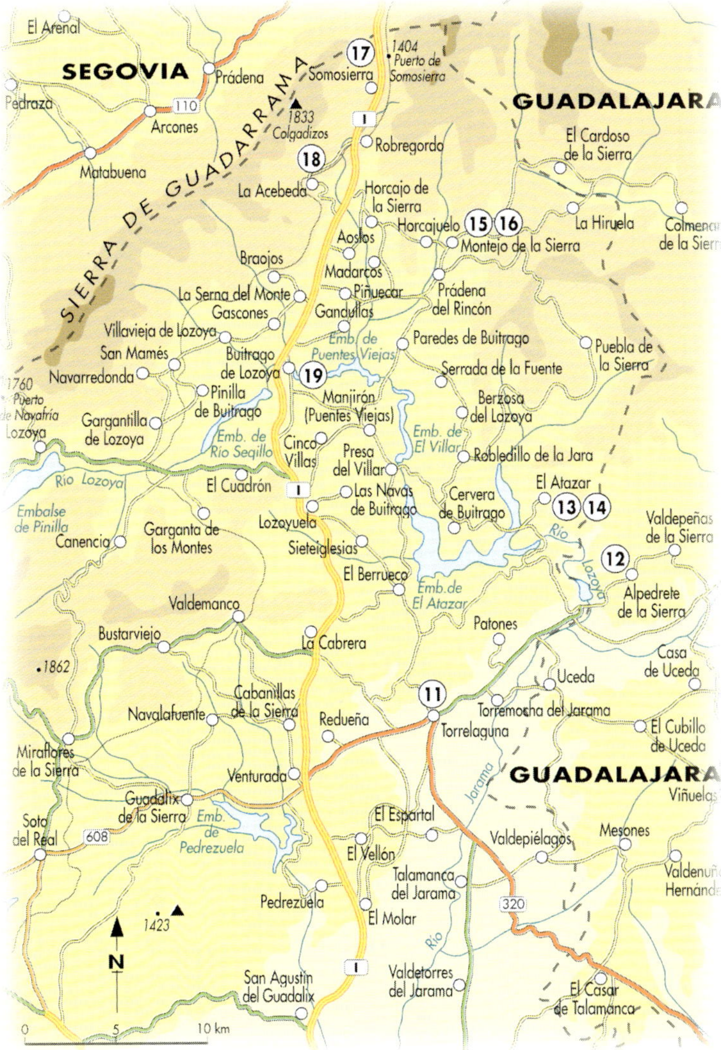

RUTA 11

LA PISTA DEL VIEJO CANAL

Longitud: 48 kilómetros.
Desnivel acumulado: 400 metros.
Horario: Para realizar la ruta completa necesitaremos algo más de cuatro horas.
Dificultad: Baja desde Torrelaguna hasta el Pontón de la Oliva. Media entre el Pontón y Alpedrete de La Sierra.
Cartografía: Hojas del S.C.R. a escala 1:50.000 nº 5. Hoja 485 del S.G.E. a escala 1:50.000.
Accesos: Por la autovía N-I (Madrid-Burgos) hasta Venturada donde tomaremos el desvío de Torrelaguna. La ruta comienza en el centro de Torrelaguna. Si optáis por llevar dos vehículos, el segundo se deberá quedar en el Pontón de la Oliva.
Observaciones: Más del 60% del recorrido se desarrolla por pistas de servicio del CYII, que en la mayoría de los casos están asfaltadas. Se pueden hacer dos circuitos. El primero regresando desde el Kilómetro 15 (carretera de El Atazar) al Pontón de la Oliva y Torrelaguna. El segundo circuito comienza en El Pontón, ascendería por la carretera de El Atazar, río Jarama, Alpedrete y retorno al Pontón de La Oliva. Con esta propuesta disponemos de dos excursiones distintas, de parecido kilometraje y dificultad, pero más asequibles técnicamente que la ruta completa.

En 1858 un espectacular surtidor de agua comenzó a manar de la calle de San Bernardo. Con este acto festivo se inauguraba el Canal de Isabel II una obra de ingeniería muy ambiciosa para aquella época, que solucionó el problema del abastecimiento de agua a Madrid y que fue llevada a cabo bajo el mandato de la reina Isabel II y su ministro Bravo Murillo. El primer embalse que sirvió para el abastecimiento de agua del Canal de Isabel II fue el Pontón de la Oliva presa situada en uno de los parajes más singulares de los recorridos en esta excursión, sin duda, un itinerario con un marcado carácter histórico y natural. Con el paso de los años nuevas presas y canales han sustituido a las primeras infraestructuras hidráulicas de la región y el Pontón de la Oliva ya no contiene agua, pero su valor patrimonial, histórico y artístico invitan a realizar esta excursión, diferente a otras que encontrarás en el libro.

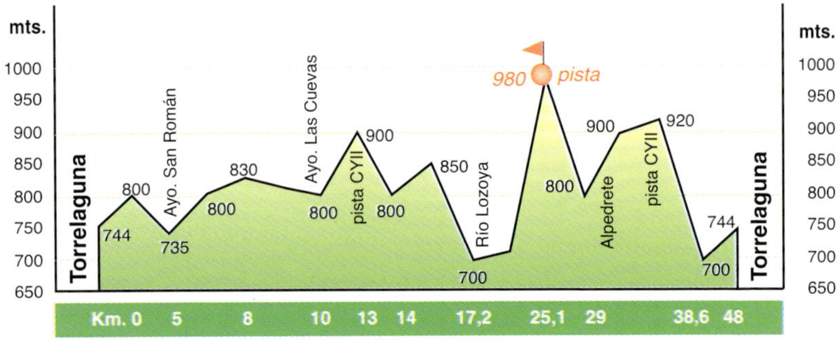

0,0 Torrelaguna (744 m). Partimos del centro urbano por la carretera que se dirige a Patones.

0,7 Desvío a la izquierda (norte) a la salida del pueblo (735 m). Estamos junto a una antigua nave industrial.

1,8 Bifurcación en pleno ascenso (800 m). Nos desviamos a la derecha pasando por una barrera. Entramos en una pista de servicio del Canal de Isabel II (CYII). Esta pista se encuentra asfaltada, es casi horizontal y gracias a su orientación permite tener unas excelentes vistas del valle del Jarama. A modo de referencia, esta vía también es utilizada por el GR-10. Circulamos por el Canal del Atazar. A media ladera y por encima de nosotros circula en paralelo el Canal Alto por el que también se podría transitar.

4,1 Bifurcación (800 m). Descenso a la derecha para salvar un barranco. Las tuberías siguen de frente para descender en un profundo sifón. El paisaje de este tramo es un tanto desolador tras padecer un incendio forestal.

4,7 Arroyo de San Román (735 m). Finaliza el descenso. Bifurcación y desvío a la izquierda. Subimos hasta recuperar el nivel de las conducciones del CYII.

5,5 Pista del CYII (800 m). Recuperado el nivel del Canal seguimos a la derecha.

7,5 Carretera de Patones de Arriba (800 m). Giramos a la izquierda, nos incorporamos a la carretera y ascendemos hasta Patones de Arriba.

8,0 Patones de Arriba (830 m). Este encantador pueblo de montaña pierde algo de su encanto con las olea-

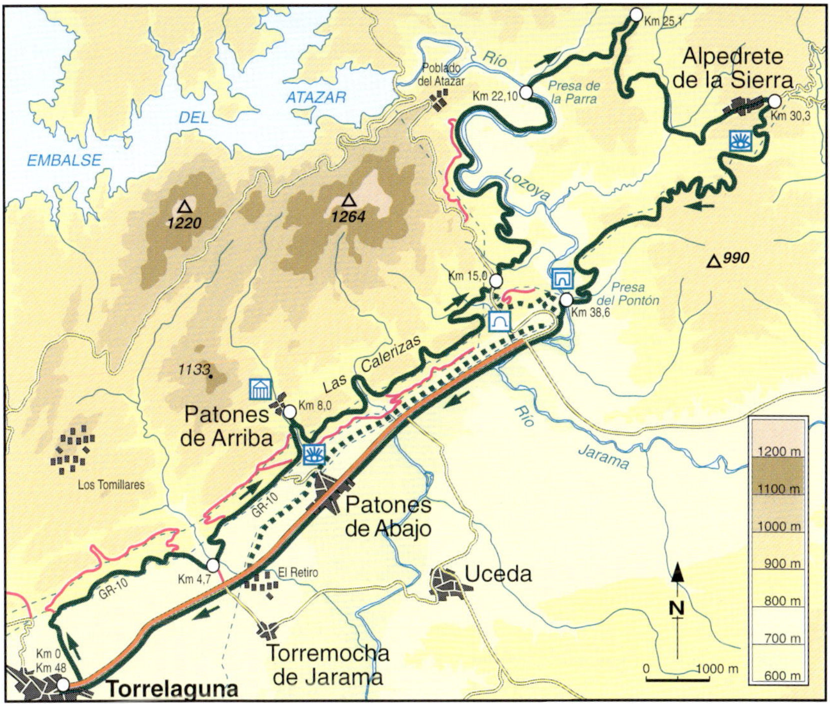

das de visitantes motorizados de cada fin de semana. Descendemos de nuevo por la carretera de subida.

8,3 Desvío a la izquierda (810 m). A la altura del puente que cruza la carretera y hacia la izquierda veremos que aparece de nuevo la pista del CYII. Dejamos a nuestra espalda la Garganta de Patones y llegamos a una bifurcación. Seguimos por la derecha. Si no estamos atentos enlazaremos con el Canal Alto y llegaremos a la parte alta de un sifón; no importa ya que la panorámica es impresionante. Descendemos por la pista asfaltada hasta llegar al fondo de un nuevo barranco.

10,0 Arroyo de las Cuevas (800 m). La pista describe una cerrada curva a la derecha y asciende hasta alcanzar la cota de 900 metros. En esta subida hemos cambiado de canal pasando a circular ahora sobre el Canal Alto que discurre casi por la cima de la cresta de calizas que estamos recorriendo desde Torrelaguna.

13,0 Los Esparteros (900 m). Comienza un descenso muy acusado hasta el valle del arroyo de Valdentales.

14,0 Arroyo de Valdeantales (800 m). Subida a la carretera de El Atazar.

15,0 Carretera de El Atazar (850 m). Cruce múltiple. Hay dos pistas además de la propia carretera. La pista de la derecha baja al Pontón de la Oliva y nos servirá para descender de regreso si sólo deseamos realizar una vuelta corta. La pista que aparece de frente y a la izquierda desciende hacia el río Jarama aguas arriba de El Pontón de la Oliva. Seguiremos esta última opción en acusado descenso.

17,2 Río Lozoya (700 m). Giramos a la izquierda y remontamos el río por su margen derecha. Una serie de curvas excavadas por la corriente confieren un gran atractivo a este paraje.

22,1 Vado del Lozoya (710 m). Sin alcanzar la presa de la Parra giramos a la derecha y vadeamos el cauce del Jarama. Si la presa de El Atazar está desembalsando agua será imposible cruzar y la excursión habrá finalizado. Una vez en la orilla izquierda (provincia de Guadalajara) remontaremos por un camino que sigue junto al cauce del arroyo del Robledillo y remonta su estrecho valle.

25,1 Pista Forestal (980 m). Después de un fatigoso ascenso conectamos con la pista que asciende desde Alpedrete de la Sierra, por la que circularemos en las rutas nº 12 y nº 13. Alcanzamos la pista junto a un collado y giramos a la derecha (sur) La pista es muy buena y discurre por un bonito tramo de pinares. Después de un par de curvas en descenso llegamos al fondo de un valle.

29,0 Cauce del arroyo Reduvía (800 m). Finaliza el descenso. Ascendemos siguiendo la pista principal hasta llegar hasta Alpedrete de la Sierra. Conectamos de nuevo con nuestro viejo amigo el sendero GR-10.

30,3 Alpedrete de la Sierra (900 m). Seguimos ascendiendo hasta el extremo opuesto del pueblo (noreste), donde encontraremos la carretera de Valdepeñas de la Sierra y el cruce de una nueva pista del CYII.

30,6 Cruce a la salida de Alpedrete (920 m). Giramos a la derecha y entramos en la pista asfaltada del CYII. Esta carretera, abierta al tráfico viario, nos lleva directamente hasta El Pontón de la Oliva.

36,5 Comienza un nuevo descenso al Valle del Jarama (900 m). Estamos en la parte superior de las paredes calizas de El Pontón un excelente lugar para escalar.

38,6 Pontón de La Oliva (700 m). La manera más sencilla de regresar a

❧ *Una imagen excepcional: el agua pasa sobre el Pontón de la Oliva* ❧

Torrelaguna es la carretera. Sin embargo es posible hacer casi seis kilómetros por encima del Canal del Lozoya, el más antiguo canal de la zona y que transita casi en paralelo a la carretera. Desde El Pontón alcanzamos en 800 metros la carretera Torrelaguna-El Atazar. En el mismo cruce y del lado derecho de la calzada veremos un camino empinado que hay que subir andando. Finalizada la subida el camino gira a la izquierda (oeste) y conecta con el viejo Canal. Desde aquí el camino es horizontal, pero presenta en determinados puntos unos estrechos pasos que tendremos que hacer desmontados. Pasaremos por el polideportivo de Patones de Abajo hasta llegar definitivamente la carretera de Torrelaguna, casi a la altura del cruce de Torremocha.

48 Torrelaguna (744 m).

Una colosal obra de ingeniería para abastecer de agua a Madrid

RUTA 12
PIZARRAS, CALIZAS Y CANTOS RODADOS

LONGITUD: 30 kilómetros.
DESNIVEL ACUMULADO: 750 metros.
HORARIO: De tres a cuatro horas.
DIFICULTAD: Media-alta. Se circula en todo momento por excelentes pistas. La ascensión hasta el mirador del Cerro de la Torrecilla de casi 10 kilómetros, puede resultar algo dura.
CARTOGRAFÍA: Hoja 485 del Servicio Geográfico del Ejército (S.G.E.) a escala 1:50.000.
ACCESOS: Autovía N-I hasta Venturada. Desde aquí seguir dirección Torrelaguna. Desde esta localidad continuar hacia Patones de Abajo y el Pontón de la Oliva. Para llegar hasta Alpedrete de la Sierra seguiremos por la pista de servicio del Canal, que nace inmediatamente después de cruzar el río Lozoya junto a la presa del Pontón de la Oliva. También podemos seguir las indicaciones de la carretera comarcal a través de Valdepeñas de la Sierra.
OBSERVACIONES: Precaución en los días de invierno ya que la nieve puede cubrir la parte alta de la pista. En verano recomendamos no recorrer la zona en las horas centrales del día. Ruta con grandes panorámicas e ideal para días despejados.

A pesar de discurrir por territorio de la provincia de Guadalajara, esta ruta es muy interesante para los ciclistas de montaña madrileños ya que está muy cerca de Torrelaguna. Además el itinerario propuesto se puede combinar con otras rutas con origen en la localidad madrileña de El Atazar. Es esta una ruta no exenta de dureza por el desnivel a superar, pero que a cambio, ofrece unas panorámicas excelentes de toda la zona, desde los lejanos páramos de la Alcarria hasta el Valle del Henares pasando por la zona de rañas y como nota peculiar, los perfiles urbanos de las ciudades de Guadalajara y Madrid. Una formación natural llamará nuestra atención: las rañas. Se trata de grandes depósitos de cantos rodados y arcillas que se sitúan entre las sierras y el Valle del Henares. Debido a la escasa dureza y compactación de estos depósitos los agentes metereológicos los erosionan con facilidad. Desde las alturas que alcanzamos en la ruta, las rañas parecerán suaves y oscuras extensiones tapizadas de jaras y arañadas por barrancos teñidos de un hermoso tono naranja.

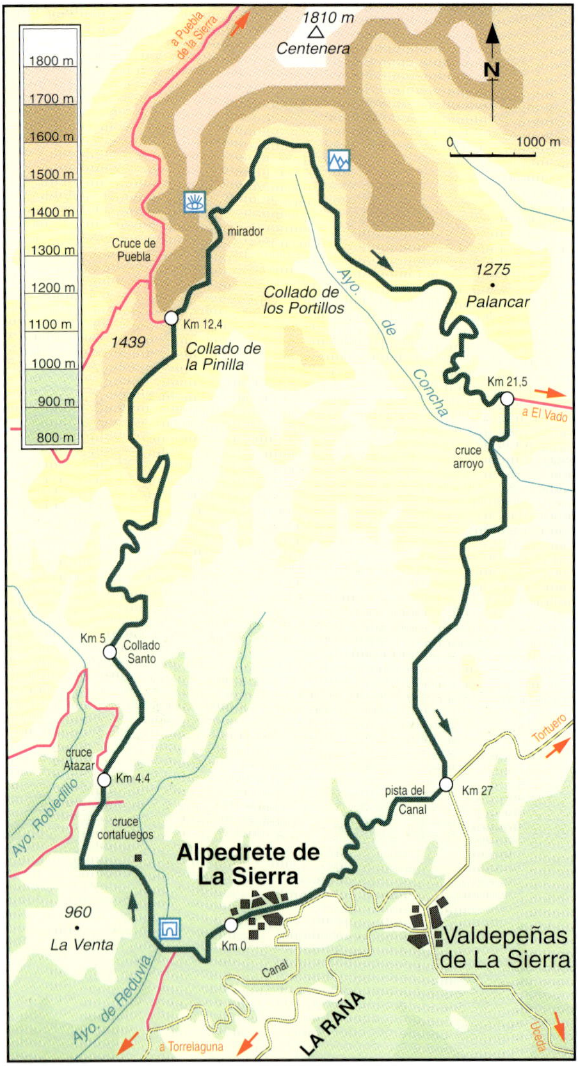

0,0 Alpedrete de la Sierra (850 m). La calle principal del pueblo, ligeramente descendente, finaliza junto a la pequeña iglesia. Desde este punto comienza una pista forestal con pronunciado desnivel que desciende por el Valle de Reduvía.

0,9 Puente sobre el Arroyo de Reduvía (800 m). Comienza la subida.

2,0 Cruce del cortafuegos (933 m). Recto a través de un frondoso pinar de repoblación.

4,45 Cruce de El Atazar (900). Atención: no tomar la pista descendente de la izquierda que conduce a El Atazar (ruta 13). Tomar la curva ascendente a la derecha. Zona de falsos llanos.

5 Collado Santo (990 m). Comienza una larga pero bonita subida. Las vistas hacia el lado derecho son imponentes.

9,6 Cortafuegos (1.390 m).

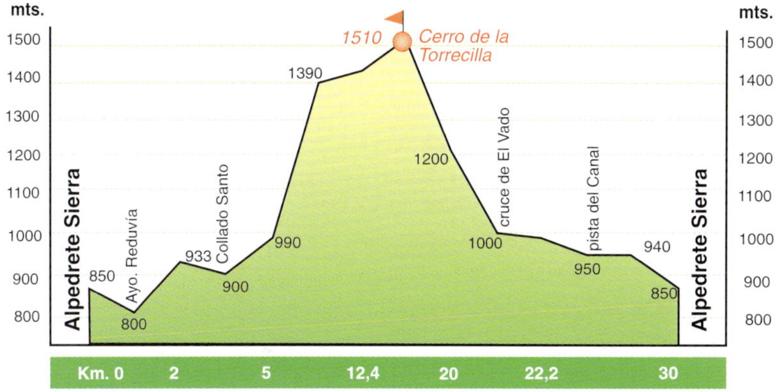

12,4 Cruce al Collado de la Pinilla (1410 m). Seguimos recto y a la derecha. La pista de la izquierda conduce a El Atazar. (Por aquí gira la ruta 13.)

13,0 Mirador Cerro de la Torrecilla (1510 m). Punto culminante de la ruta. Desde aquí se divisa todo el valle del arroyo Concha y parte de la raña donde se levantan las localidades de Alpedrete y Valdepeñas. Al fondo veremos la meseta tabular de la Alcarria.

20,0 Sucesión de curvas en pleno tramo descendente (1200 m). El paisaje en este sector es desolador debido seguramente al incendio forestal acaecido a comienzo de la década de los noventa.

21,5 Cruce al pantano del Vado (1000 m). Seguimos a la derecha.

22,2 Arroyo Concha (980 m). Ligero ascenso hasta una zona despejada de árboles.

27,0 Pista del Canal (950 m). Giramos a la derecha para emprender este último tramo por una carreterilla de asfalto. Recto llegaríamos a Valdepeñas de la Sierra.

29,3 Carretera de Valdepeñas a Alpedrete de la Sierra (940 m). A la derecha para entrar en Alpedrete.

30,0 Alpedrete de la Sierra (850).

RUTA 13
UNA LECCIÓN DE GEOLOGÍA SOBRE RUEDAS

LONGITUD: 22,2 kilómetros.
DESNIVEL ACUMULADO: 600 metros.
HORARIO: Entre dos horas y media y tres horas.
DIFICULTAD: Media. Se circula en todo momento por excelentes pistas. El tramo en cuesta se hará pesado para los menos preparados.
CARTOGRAFÍA: Hojas del S.C.R. a escala 1:50.000 nº 5 y nº 2. Hoja nº 485 del S.G.E. a escala 1:50.000. Mapa Sierras de Ayllón y Ocejón a escala 1:50.000 de la Tienda Verde.
ACCESOS: Por la autovía N-I hasta Venturada donde tomaremos el desvío de Torrelaguna. Desde esta localidad seguiremos hacia Patones de Abajo y El Atazar, localidad a la que accederemos cruzando el dique de la presa.
OBSERVACIONES: En invierno, la nieve puede ocupar toda la parte alta de la pista. Esta ruta se complementa con los itinerarios que parten desde Alpedrete de la Sierra.

Una vez más, la tortuosa y solitaria frontera entre Guadalajara y Madrid es la protagonista en una de nuestras rutas. En este mosaico geográfico se emplazan pequeñas localidades como El Atazar, sorprendentemente intactas ante la voracidad metropolitana madrileña. Toda la zona es de gran interés paisajístico ya que en un espacio relativamente reducido se produce la transición entre las rocas calizas de la época terciaria (paredes de Patones y Cueva del Reguerillo) con las rocas metamórficas (pizarra y gneis). Antiguas y modernas obras hidráulicas como la presa del Pontón de la Oliva o de El Atazar hacen aún más atractivo un recorrido por la zona. Interesantes formaciones geológicas, vegetación variada y ausencia de visitantes, hacen de estas montañas un verdadero tesoro para ser recorrido a lo largo de varias jornadas, hasta agotar las posibilidades de su interminable red de pistas y caminos forestales .

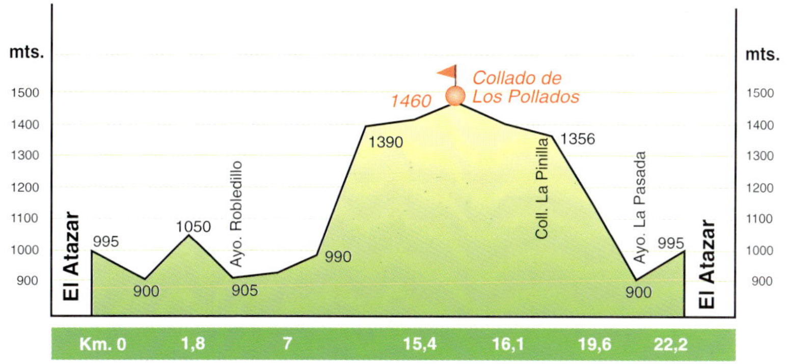

0,0 El Atazar (995 m). Desde la parte alta del pueblo y a espaldas de la Iglesia, parte una pista. Como referencia veremos un pequeño recinto de juegos infantiles. La pista desciende al fondo de un valle. Desde aquí es posible distinguir el cruce del puente y la pista que utilizaremos para descender desde la parte alta de la ruta.

0,6 Arroyo de La Pasada (900 m). A la derecha, por la pista horizontal.

1,8 Cabeza Madroñal (1050 m). Después de un tramo deforestado, comienza un pinar de repoblación.

2,0 Cruce de pistas forestales. Seguir recto y a la derecha por la vía principal.

3,1 Recto y a la izquierda por la pista principal (995 m).

5,6 Valle del arroyo del Robledillo (905 m). Se trata de un lugar muy frondoso. En épocas lluviosas el arroyo lleva bastante caudal y el fragor de la corriente se deja oír con agrado en la angostura.

7,0 Cruce de Alpedrete de la Sierra (920 m). Giro a la izquierda en subida. A la derecha se llegaría en apenas cinco kilómetros a esta localidad de Guadalajara. (ver rutas 12 y 14).

7,45 Collado Santo (990 m).

12,6 Cortafuegos (1390 m).

15,4 Cruce al Collado de los Pollados y de la Pinilla (1410 m). Giramos al izquierda y dejamos la pista principal por un camino de peor calidad y en ligero ascenso. Recto seguiríamos hasta Alpedrete de la Sierra (ruta 12).

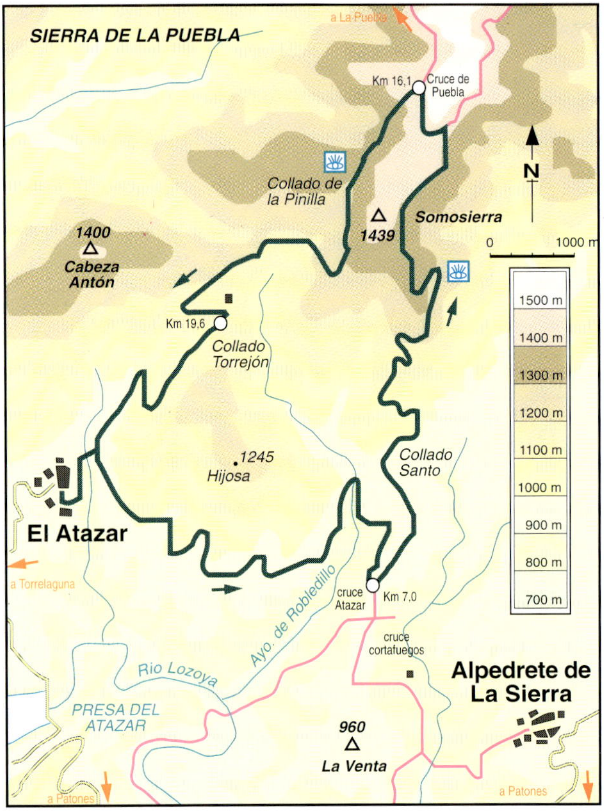

15,7 Collado de los Pollados (1460). Cambio de vertiente. Si el día es claro, divisaremos a la derecha (oeste) las cimas de Peñalara y Cabezas de Hierro, la más altas de Guadarrama. A nuestras espaldas, lejana, la meseta alcarreña. Justo de frente los más observadores verán el perfil urbano de la ciudad de Guadalajara. Más al sur, veremos recortado contra el cielo el perfil madrileño con las inconfundibles torres de Plaza de Castilla.

16,1 Pista de la Puebla de la Sierra. A la derecha, cerrada con una barrera una pista se dirige a la Puebla. Seguimos a la izquierda en vertiginoso descenso hacia el Atazar.

16,7 Collado de la Pinilla (1356 m). Al fondo del valle aparece diminuto el pueblo de El Atazar.

19,6 Collado del Torrejón (1150 m). A la izquierda quedan dos viejas tinadas o corrales. De frente se levanta la montaña del Torrejón. La pista describe dos revueltas y penetra en la Hoya Nabal un bonito rebollar donde se reúnen las aguas del arroyo de la Pasada.

21,6 Arroyo de la Pasada (900 m). Una corta subida nos separa aún de nuestro destino.

22,2 El Atazar (995 m).

La Presa del Atazar, el mayor embalse de Madrid.

RUTA 14
UN SOLITARIO CIRCUITO DE ALTA MONTAÑA

LONGITUD: 34,85 kilómetros.

DESNIVEL ACUMULADO: 800 metros.

HORARIO: De cuatro a cinco horas.

DIFICULTAD: Alta, más desde el punto de vista físico que desde el punto de vista técnico. Se circula en todo momento por excelentes pistas, pero los desniveles a salvar son apreciables.

CARTOGRAFÍA: Hoja 485 del Servicio Geográfico del Ejército a escala 1:50.000. Mapa Sierras de Ayllón y Ocejón a escala 1:50.000 de la Tienda Verde.

OBSERVACIONES: Itinerario fruto de la combinación de las rutas 12 y 13. En los días de invierno, la nieve puede ocupar la parte alta de la pista. Esta ruta se puede realizar en ambos sentidos.

Este duro circuito es una síntesis de las rutas descritas en los capítulos anteriores ya que utiliza tramos comunes de las mismas en una combinación no exenta de dureza, variedad de terrenos y paisajes de montaña impregnados de una solitaria belleza. Si te encuentras en buena forma física y la climatología acompaña durante la jornada, podemos asegurar que este itinerario no te defraudará en absoluto.

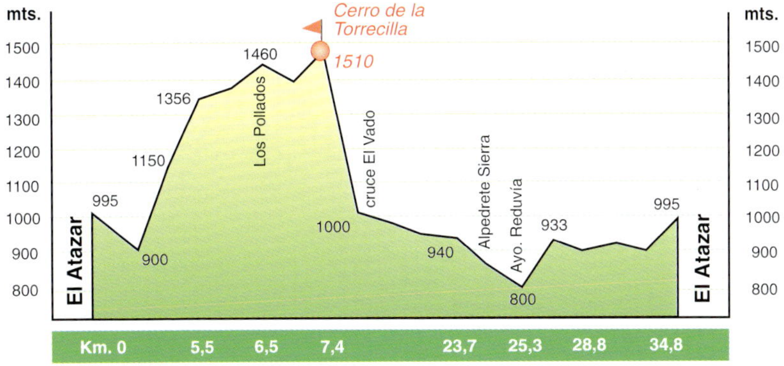

0,0 El Atazar (995 m). Desde la parte alta del pueblo y a espaldas de la Iglesia parte una pista. Como referencia veremos un pequeño recinto de juegos infantiles. La pista desciende al fondo de un valle.

0,6 Arroyo de La Pasada (900 m). Cruce, giramos a la izquierda para afrontar por pista una dura subida de más de seis kilómetros.

2,5 Collado del Torrejón (1150 m). Dejamos atrás un denso rebollar. Entramos en terreno más abierto, y por tanto, más batido por el viento.

5,5 Collado de La Pinilla (1356 m). Afrontamos el último tramo de subida. La ausencia de vegetación hace que a nuestra espalda, las vistas del valle sean inmejorables.

6,1 Cruce de La Puebla (1400 m). Giramos a la derecha. De frente y cerrada por una barrera la pista continúa a la Puebla de la Sierra.

6,5 Collado de los Pollados (1460 m). Cambio de vertiente.

6,8 Pista de Alpedrete (1410 m). Giro a la izquierda. Desde aquí el itinerario es común con la ruta que parte desde Alpedrete de la Sierra. Culminaremos hasta la cota más elevada de la ruta. Después nos dejaremos llevar por un largo y cómodo descenso hasta Alpedrete.

7,4 Mirador Cerro de La Torrecilla (1510 m). Máxima cota de la ruta. Excelente panorámica sobre el valle del arroyo Concha y la raña donde veremos las localidades de Alpedrete y Valdepeñas de la Sierra. Comienza un largo descenso con algunos tramos muy divertidos debido a la presencia continua de curvas.

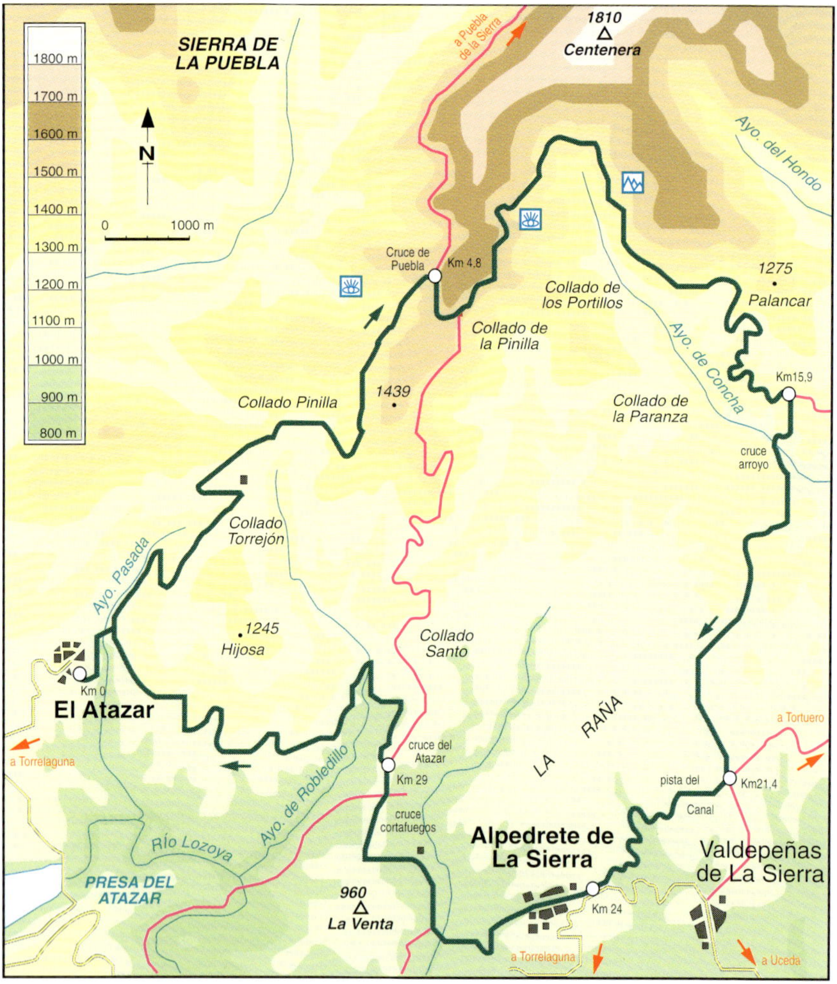

15,9 Cruce al pantano del Vado (1000 m). Seguimos a la derecha.

16,6 Arroyo Concha (980 m). Ligero repecho hasta una zona despejada de vegetación.

21,4 Pista del Canal (950 m). Giramos a la derecha, recto se llega a Valdepeñas de la Sierra.

23,7 Carretera de Valdepeñas a Alpedrete de la Sierra (940 m). A la derecha para entrar en Alpedrete.

24,4 Alpedrete de la Sierra (850 m).

❧ La pista comienza su ascenso a la salida de El Atazar ❧

Atravesamos el pueblo por la calle principal hasta llegar al final del casco urbano, en este punto, junto a la iglesia, la calle se convierte en pista.

25,3 Puente sobre el Arroyo de Reduvía (800 m).

26,4 Cruce del cortafuegos (933 m).

28,85 Cruce del Atazar (900 m). Atención, en una curva cerrada a la derecha, dejamos la pista principal y giramos a la izquierda. Comienza un rápido tramo de bajada hacia El Atazar.

29,25 Arroyo del Robledillo (905 m).

34,25 Puente sobre el Arroyo de La Pasada (900 m). Giro a la izquierda. Tan sólo nos queda la corta, y dura, subida del pueblo.

34,85 El Atazar (995 m).

Alpedrete de la Sierra

RUTA 15

DESDE EL HAYEDO DE MONTEJO HASTA LAS CIMAS DE SOMOSIERRA

LONGITUD: 47,7 kilómetros.
DESNIVEL ACUMULADO: 810 metros.
HORARIO: Entre cuatro y cinco horas.
DIFICULTAD: Media. Recorrido ideal para los que dispongan de un buen fondo físico aunque el comienzo hay que tomarlo con calma ya que consiste en una subida de más de 15 km de distancia.
CARTOGRAFÍA: Hoja del S.C.R. a escala 1:50.000 nº 2. Hojas del S.G.E. a escala 1:50.000 nº 458 y 459. Mapa "Sierras de Ayllón y Ocejón" a escala 1:50.000 de la Tienda Verde.
ACCESOS: Hasta Montejo de la Sierra por la N-I. Pasado Buitrago se toma el desvío a Gandullas. Rebasado Gandullas y Prádena, llegamos a Montejo. En autobús se puede llegar con la empresa Continental Auto (línea 199). Debéis consultar la admisión de bicicletas en el 91 314 57 55.
OBSERVACIONES: Circuito largo que puede admitir hasta tres variantes distintas con diversos kilometrajes. Desde Montejo hasta el Puerto de El Cardoso también se puede ir por la carretera M-139. La ruta mantiene una elevada cota altitudinal durante gran parte del recorrido lo que puede favorecer la presencia de nieve o hielo en invierno. El recorrido se adentra en zonas con especies vegetales protegidas por la ley: acebo, haya, etc. Respétalas. No ahuyentes el ganado que de un modo frecuente aparece en el recorrido. Cierra las puertas de las fincas.

En el extremo septentrional de la Comunidad de Madrid, en el territorio fronterizo con Segovia y Guadalajara, se extiende una serie de sierras y valles con una orografía tortuosa y escarpada. Son las Sierras de Ayllón, Ocejón y Somosierra. Hace unos años se acuñó para definir esta zona el desafortunado apelativo de "Sierra Pobre" debido a la precaria economía de sus pueblos, víctimas del éxodo rural. En la actualidad, esta dinámica regresiva parece superada y en las pequeñas localidades de la comarca se llevan a cabo numerosos proyectos de desarrollo local basados en el turismo rural. Uno de los parajes más conocidos de la zona es el Hayedo de Montejo, un bosque mixto de haya y roble de 250 hectáreas cuya peculiaridad radica en ser uno de los más meridionales de la Península. Pero además, en la zona hay numerosas manchas de roble y pinar recorridas por infinidad de pistas y senderos que pondrán a prueba la resistencia de los ciclistas más exigentes.

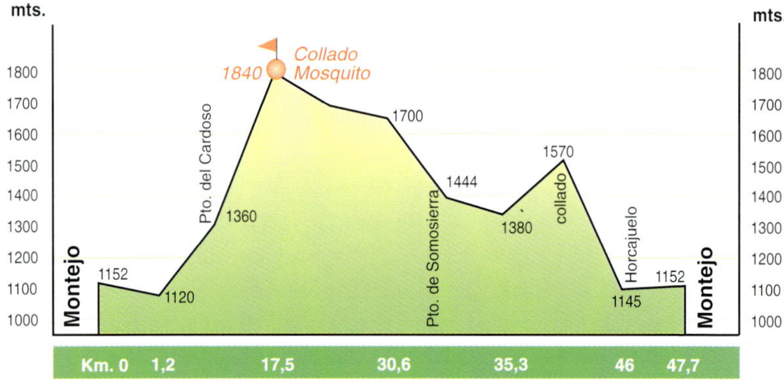

0,0 Montejo de la Sierra (1152 m). Salimos en dirección al Puerto de la Hiruela. Al abandonar el casco urbano vemos el centro de acogida de la Agencia de Medio Ambiente. Aquí tenéis una cita obligada si queréis visitar el Hayedo de Montejo ya que las visitas son concertadas.

1,2 Finaliza la bajada en el puente sobre el arroyo de la Mata (1120 m). Al entrar en la curva a la derecha (puente) dejamos la carretera y giramos a la izquierda para tomar una pista de tierra-asfalto (señal de prohibido) que asciende al norte sin cruzar el arroyo.

1,65 Cruzaremos una barrera para el ganado. Estamos en el camino rural de Montejo al Puerto del Cardoso. Pasamos a través de las instalaciones de un polígono ganadero de la Comunidad de Madrid. Las naves quedan a ambos lados del camino. Para salir del recinto atravesamos una puerta metálica. La pista sube progresivamente hacia la izquierda.

3,44 Seguimos siempre recto y a la derecha. La pista principal se empina progresivamente.

3,52 Cruzamos una valla a través de una puerta. El lateral del camino aparece bordeado por una acequia, de donde beben las reses. Cruzamos sobre la misma en un cruce quedando el canal a la izquierda.

5,32 El camino desciende hacia un estrecho valle, cruza el arroyo de la Mata y sube por un escarpado tramo en la orilla contraria.

5,76 La subida se suaviza. Llegamos a un gran prado, a la derecha se ve una fuente con abrevadero y la carretera, ésta es nuestra próxima referencia.

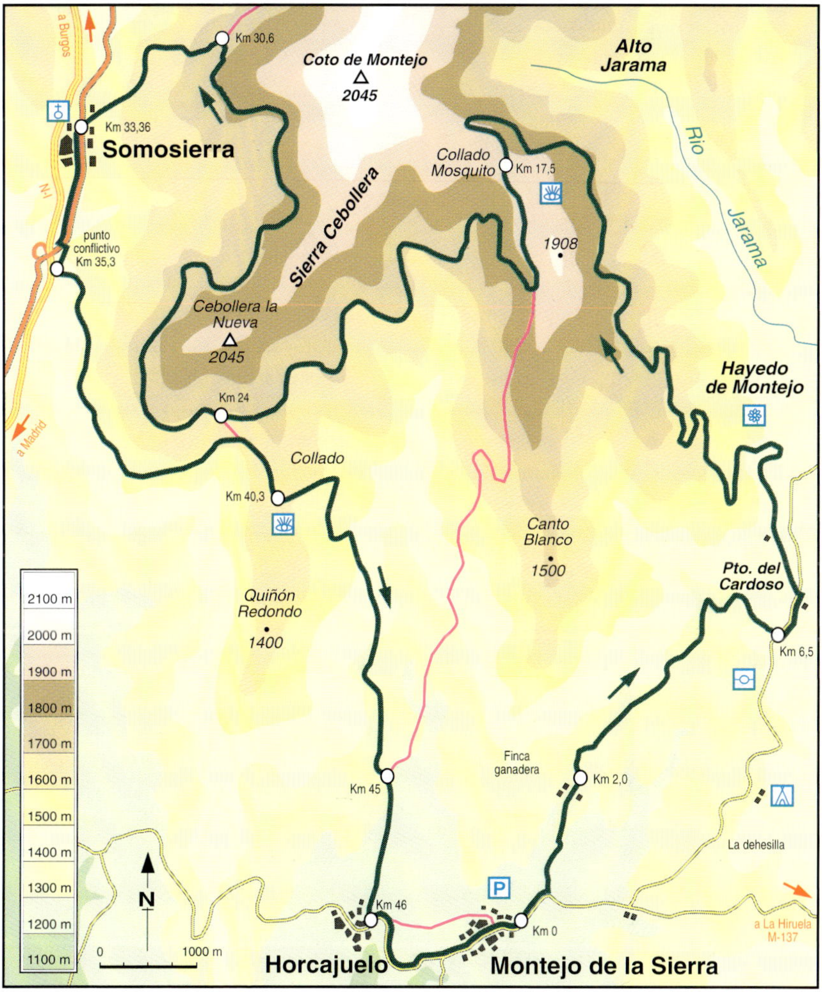

6,55 Fuente y carretera M-139. Seguimos por carretera hasta culminar el Puerto del Cardoso.

7,0 Puerto del Cardoso (1360 m). Cruzamos una valla para acceder a la pista que sale a la izquierda. Llegamos a una casa (izquierda).

7,43 A la altura de la casa tomamos la pista a la derecha, atención no seguir recto, es un atajo no ciclable.

10,4 Puerta Finlandesa (barrera). Seguimos recto.

13,7 Merece la pena disfrutar del

paisaje que se extiende a la derecha. En primer plano aparece el Valle del Jarama. Más al fondo la Sierra de Ayllón con la cima de Peña Cebollera (2129 m). En este tramo podemos admirar ejemplares de acebo, fresno, pino silvestre y por supuesto robles y hayas.

17,5 Collado del Mosquito. Esta es la máxima cota del día (1840 m). Desde aquí comenzamos un bonito y largo descenso. Excelentes vistas sobre gran parte de Somosierra, La Cabrera y la Sierra de Guadarrama.

18,7 Cruce de Horcajuelo (1740 m). Tomamos la opción de la derecha, en los próximos cruces haremos lo mismo, dejando las alternativas de la izquierda. La pista, primero es llana y luego ligeramente ascendente. A la izquierda aparecerá la vertiente madrileña del Puerto de Somosierra, surcada por la autovía, la antigua N-I y la vía del tren. De aquí parte la variante 1.

23,7 Cruce. Seguimos recto. Los dos caminos que aparecen a la izquierda descienden también hacia Horcajuelo. De aquí parte la variante 2.

30,6 Cruce (1700 m). Estamos a la altura del Puerto de Somosierra. Aquí abandonamos la pista principal que nos llevaba en dirección norte y tomamos una pista que desciende a la izquierda.

33,3 Puerto de Somosierra (1444 m). Tomamos la antigua N-I en dirección Madrid (izquierda). Precaución con el tráfico. Aquí comienza la ruta nº 17.

35,3 Carretera N-I a la altura del PK 91,0 (1380 m). En este punto la antigua carretera pasa sobre la autovía. Cruzamos a la calzada de la izquierda y avanzamos unos 100 metros por el arcén en sentido contrario a la circulación (como si fuéramos a entrar en la autovía). Como medida de precaución iremos desmontados de la bici. Cuando acabe un talud que tenemos a la izquierda, una puerta nos dará paso desde el arcén a una pista. Estamos en un prado con varios caminos, el nuestro es el de la derecha, franqueado por un viejo cartel de "pista sin firme". Según ascendemos por el nuevo camino distinguimos valle abajo la boca sur del túnel ferroviario de Somosierra y el apeadero de Robregordo-Somosierra. Más al sur, el Valle del Lozoya y la inconfundible silueta del Pico de la Miel.

39,6 Seguimos recto hacia un collado. El camino de la izquierda nos subiría de nuevo a la pista que nos llevó al puerto.

40,0 Collado y puerta (1570 m). Cambiamos de valle. Vemos ladera abajo Horcajuelo y Montejo. Excelente descenso.

Las pistas entre Montejo y Somosierra son ideales para la primavera

44,5 Sin tomar ningún desvío a la izquierda, seguimos de frente por la pista principal. Al otro lado del valle se levanta un bello robledal.

46,0 Horcajuelo (1145 m).

46,6 Salimos dirección a Montejo por la carretera. También se puede ir por un camino paralelo a la misma.

47,7 Montejo de la Sierra (1152 m).

Variante 1

VUELTA CORTA POR HORCAJUELO

Esta variante se toma desde el cruce del kilómetro 18,7 de la ruta principal.

18,7 En lugar de girar a la derecha, hacia Somosierra, seguiremos recto y en descenso hacia Horcajuelo.

24,0 Bifurcación a la izquierda.

25,4 Portilla de alambre.

27,3 Horcajuelo de la Sierra. Carretera en dirección Montejo. Seguimos a la izquierda por asfalto. También se puede ir por camino.

30,0 Montejo de la Sierra (1152 m).

Variante 2

VUELTA SIN PASAR POR EL PUERTO DE SOMOSIERRA

Esta variante se toma desde el cruce del kilómetro 23,7 de la ruta principal.

23,7 Cruce. En lugar de seguir recto hacia Somosierra, giraremos a la izquierda y descenderemos hacia Horcajuelo.

24,1 Collado. El camino de la derecha procede de la N-I (este es el km 39,6 del itinerario básico).

24,6 Collado y puerta (1570 m). Cambiamos de valle. Vemos ladera abajo Horcajuelo y Montejo. Excelente descenso.

29,2 Sin tomar ningún desvío a la izquierda, seguimos de frente por la pista principal.

30,5 Horcajuelo (1145 m). Salimos dirección a Montejo por la carretera.

31,6 Montejo de la Sierra (1152 m).

RUTA 16

UN BALCÓN SOBRE EL ALTO DEL JARAMA

LONGITUD: 23,5 kilómetros.
DESNIVEL ACUMULADO: 350 metros.
HORARIO: Entre dos y tres horas.
DIFICULTAD: Baja. Si añadimos el tramo que enlaza Montejo con el Puerto de El Cardoso y vuelta. la dificultad aumenta. Este último tramo es algo difícil, sobre todo en el sentido ascendente desde Montejo a el Puerto de El Cardoso. La carretera siempre será una buena alternativa para el ascenso al Puerto o el descenso hasta Montejo.
CARTOGRAFÍA: Hoja del S.C.R. a escala 1:50.000 nº 2. Hoja del S.G.E. a escala 1:50.000 nº 458 y 459. Mapa Sierras de Ayllón y Ocejón a escala 1:50.000 de la Tienda Verde.
ACCESOS: A través de la autovía N-I hasta el desvío a Gandullas. Rebasada esta localidad y Prádena se llega a Montejo. Desde aquí por carretera o en bici hasta los Puertos de El Cardoso y de la Hiruela.
OBSERVACIONES: Circuito corto e ideal para principiantes, siempre que el Puerto de El Cardoso sea considerado como inicio o final de ruta. El enlace en bici desde Montejo exige mejor preparación física. Existe también la posibilidad realizar diversos enlaces con los itinerarios que discurren hacia el sector de Somosierra (ruta 15).

Esta ruta, a diferencia de las anteriores propuestas en la zona, discurre en el sector este del Puerto de El Cardoso. Es un itinerario corto, fácil y con unas vistas incomparables del Valle del Alto Jarama, las sierras del occidentales de Guadalajara y gran parte de la sierra norte de Madrid. A lo largo del circuito rodearemos, en el sentido de las agujas del reloj, la cresta del Pico Bañaderos siguiendo una pista forestal que discurre por un extenso pinar de repoblación. No obstante a lo largo de la pista certificaremos la presencia de especies autóctonas como los robles y algún que otro acebo tapizando la vertiente norte y este del Bañaderos. Una vez rebasado el Puerto de La Hiruela la ruta se interna en un magnífico robledal orientado a Poniente. En este tramo seguiremos en parte el trazado del sendero PR 24 que nos devolverá al Puerto de El Cardoso.

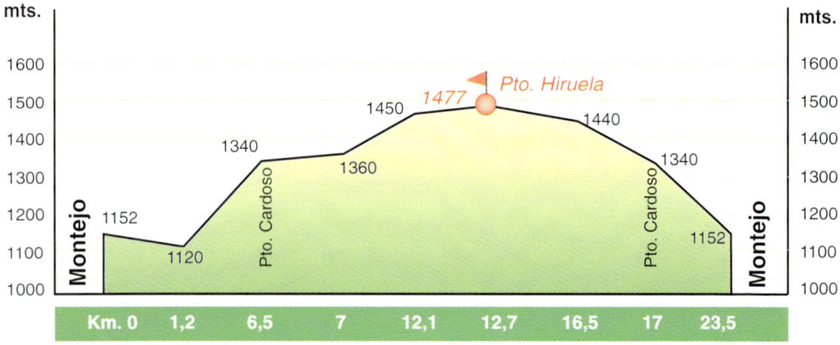

0,0 Montejo de la Sierra (1152 m). Salimos en dirección al Puerto de la Hiruela. Al abandonar el casco urbano pasamos junto al centro de acogida de la Agencia de Medio Ambiente. Aquí tenéis una cita obligada si deseáis visitar el Hayedo de Montejo ya que los recorridos por este parque son concertados previamente.

1,2 Arroyo de la Mata (1120 m). Puente en una curva a la derecha, aquí dejamos la carretera. Recto y a la izquierda por una pista de asfalto en mal estado.

1,65 Cruzamos una barrera para el ganado. Estamos en el camino rural de Montejo al Puerto de El Cardoso. Pasamos a través de las instalaciones de un polígono ganadero de la Comunidad de Madrid. Las naves del mismo quedan a ambos lados del camino. Para salir de este recinto atravesamos una valla abriendo una puerta metálica. La pista asciende progresivamente hacia la izquierda (noroeste).

3,44 Siempre recto y a la derecha. La pista principal se empina progresivamente.

3,52 Cruzamos un muro a través de una puerta. El lateral del camino aparece bordeado por una acequia donde abrevan las reses. Cruzamos la acequia un cruce en diagonal. La canalización queda a la izquierda.

5,32 El camino desciende hacia el estrecho valle del arroyo de la Mata, cruza su cauce y asciende por un escarpado tramo en la orilla contraria.

5,76 La subida se suaviza. Llegamos a un gran prado, a la derecha vemos una fuente con abrevadero y la carretera, ésta es nuestra próxima referencia.

6,55 Fuente con pilón junto a la ca-

rretera (1340 m). Seguimos por carretera (izquierda) hasta culminar el Puerto de El Cardoso.

7,0 Puerto de El Cardoso (1360 m). En el lado derecho (este) del Puerto una pista se interna en un denso pinar, mientras que en el lado izquierdo comienza la ruta 15. Dejamos a la derecha un refugio, cruzamos una barrera y comenzamos a recorrer la pista que bordea la cara noreste del Bañaderos. El recorrido es fácil ya que hasta el Puerto de la Hiruela carece de cruces o desvíos relevantes. Sólo tendremos que preocuparnos de disfrutar del paisaje y de las excelentes vistas sobre el valle del Jarama. En la vertiente opuesta del valle se encuentra la localidad de El Cardoso de la Sierra que desde nuestra privilegiada atalaya aparece como un abigarrado conjunto de casitas. Superados unos repechos gracias a las revueltas que traza la pista, terminamos alcanzando la carretera de La Hiruela.

12,1 Carretera de La Hiruela (1450). Giramos a la derecha y remontamos por asfalto hasta el Puerto.

12,75 Puerto de La Hiruela (1477). Rebasado el Puerto, veremos una pista que parte a la derecha (oeste) de la carretera y que inicia un progresivo descenso. Accedemos a la pista e iniciamos una serie de toboganes un tanto molestos, lo que en ciclismo se llama "rompepiernas". El camino se interna en un robledal bastante tupido. Este tramo en otoño es una verdadera delicia.

16,5 Curva a la izquierda (1440 m). Seguimos por la pista principal hasta la carretera de Montejo.

17,0 Carretera de Montejo (1340 m). Estamos junto al pilón-abrevadero de la carretera. Tenemos varias opciones: remontar hasta el Puerto de El Cardoso si éste fue el comienzo de la ruta (200 metros por carretera) o bajar a Montejo de la Sierra si hemos dejado en este lugar nuestros vehículos. Si elegimos esta opción a su ver podemos seguir por la carretera en un cómodo descenso de seis kilómetros o retomar el camino ya ascendido a la ida. Esta última será nuestra opción. Cruzamos la carretera, dejamos el pilón a la izquierda y avanzamos por el prado hasta encontrar el camino que desciende hacia Montejo.

22,3 Carretera Montejo-La Hiruela.

23,5 Montejo de la Sierra (1152 m).

Fuente-abrevadero en el Puerto de El Cardoso

El Cardoso al otro extremo del Valle del Jarama

RUTA 17
LA PISTA HORIZONTAL DE SOMOSIERRA

LONGITUD: 48,5 kilómetros.
DESNIVEL ACUMULADO: 200 metros.
HORARIO: De cuatro a cinco horas.
DIFICULTAD: Baja. Sólo encontraremos las dificultades lógicas de un recorrido largo y con caminos y pistas en diversos grados de conservación. Realizar la ruta en ambos sentidos sólo es recomendable en los largos días de verano y bajo una excelente forma física.
CARTOGRAFÍA: Hojas del S.C.R. nº 1, nº 2 y nº 4. Hojas del S.G.E. número 484 y 458. Mapa de La Sierra Norte a escala 1:50.000 editado por la Tienda Verde.
ACCESOS: Llegaremos hasta el Puerto de Somosierra por la N-I. La ruta comienza en el mismo Puerto.
OBSERVACIONES: Al ser un recorrido en línea sugerimos utilizar dos vehículos, uno en origen y otro en destino. Si estáis pensando en realizar una ruta cicloturista de varios días, este itinerario es ideal para conectar todos las rutas del sector de Somosierra como los itinerarios nº 15 y 18, con otras rutas de la zona de Guadarrama.

La alineación montañosa que une el Puerto de Navafría con el de Somosierra, al norte del Valle del Lozoya, es un lugar privilegiado para realizar rutas de senderismo, bicicleta e incluso para realizar actividades como el parapente o ala delta. Este cordal, que forma parte de los Montes Carpetanos, está surcado por una serie de pistas idóneas para la práctica de la bicicleta de montaña. Uno de estos caminos es conocido como la "pista horizontal" que recorreremos en su totalidad. Todo el recorrido de esta pista se desarrolla por la vertiente madrileña, muy cerca de la línea de cumbres y con una marcada orientación meridional, luminosa y soleada. Disfrutaremos a lo largo de la jornada de vistas panorámicas sobre los pueblos del Alto Lozoya. Casi la mayoría de estos pueblos: Robregordo, La Acebeda, Braojos o Navarredonda están comunicados por pista con nuestro itinerario lo que posibilita la realización de enlaces y variantes de este itinerario con otros.

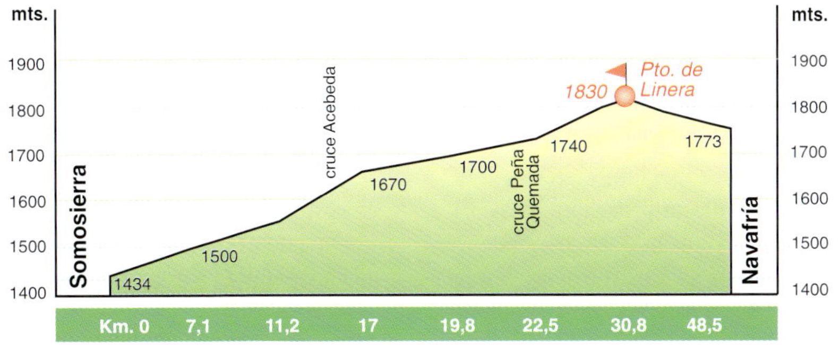

0,0 Puerto de Somosierra (1434 m). Nos situamos en la misma cima del Puerto. Si miramos hacia el oeste veremos una pista que parte entre el Restaurante (izquierda) y la capilla de Nuestra Señora del Puerto (derecha). Desde aquí se puede tomar también la ruta nº 15. En este lugar se encuentra una placa conmemorativa de la Batalla de Somosierra, episodio bélico acaecido en plena guerra de la Independencia y que enfrentó a soldados franceses y polacos contra tropas españolas. El primer tramo de camino puede ofrecer alguna duda. Se cruza sobre el túnel de la autovía, se pasa de largo una cantera y el desvío de la escuela de vuelo sin motor.

7,1 Cruce de Robregordo (1500 m). Seguimos recto siempre por la pista principal. Se bordea la ladera sur del Pico Tres Atalayas.

11,25 Cruce de La Acebeda (1560). Ganamos altura sobre los pueblos del valle. En este punto conecta la ruta nº 18 que asciende de La Acebeda.

17,0 Cruce del Puerto de La Acebeda (1670 m). Merece la pena asomarse a la ladera segoviana del Puerto, para ello seguiremos unos 200 metros por la pista de la derecha. Se trata de un excelente mirador sobre la meseta castellana. Volveremos posteriormente al cruce del Puerto.

19,8 Cruce importante (1700 m). La pista se solapa con un amplio cortafuegos. A la izquierda baja un ramal hasta el pueblo de Braojos. Continuamos momentáneamente por la pista-cortafuegos hasta recuperar un poco más adelante y a la izquierda el trazado de la pista.

22,5 Cruce del Puerto de Peña Quemada (1740 m). A la derecha un corto tramo de pista permite asomarnos a este puerto lindero con Segovia. Se trata de un mirador privilegiado sobre la localidad de Arcones y una atalaya ideal para los que practican el vuelo sin motor.

23,7 Cruce. Seguimos recto y a la derecha por la pista horizontal. El ramal de la izquierda desciende al refugio de Santuil, a Braojos y a la estación ferroviaria de Gascones-Buitrago.

30,8 Puerto de Linera (1830 m). Como en los casos anteriores, el Puerto se encuentra a escasos 100 metros a nuestra derecha. Desde su cima se puede descender hasta la localidad segoviana de Matabuena.

43,6 Cruce de Villavieja de Lozoya. En este cruce y en los siguientes continuaremos recto sin abandonar la horizontal.

48,5 Puerto de Navafría (1773 m).

Por la pista horizontal en pleno otoño

a Burgos
1635
Puerto de Somosierra
1449
Somosierra
Km 0,0
Ermita de la Soledad
1647
1617
Puerto de Casla
Ayo. Domingo
a Madrid
Robregordo
1817
1833
Colgadizos
Pinar de La Acebeda
Cerro del Garantón
1791
La Acebeda
Km 17,0
1686
Puerto de La Acebeda
Ayo. Fuente Solana
1696
Peña del Avellano
Peña Quemada
1833
1732
1706
Km 22,5
Puerto de Peña Quemada
1738
a Braojos
1862
Ayo. Buitraguillo
Las Berrocosas
1961
1803
N
Puerto de Linera
1838
Km 30,8
0
1000
2000 m
Sierra de Somosierra

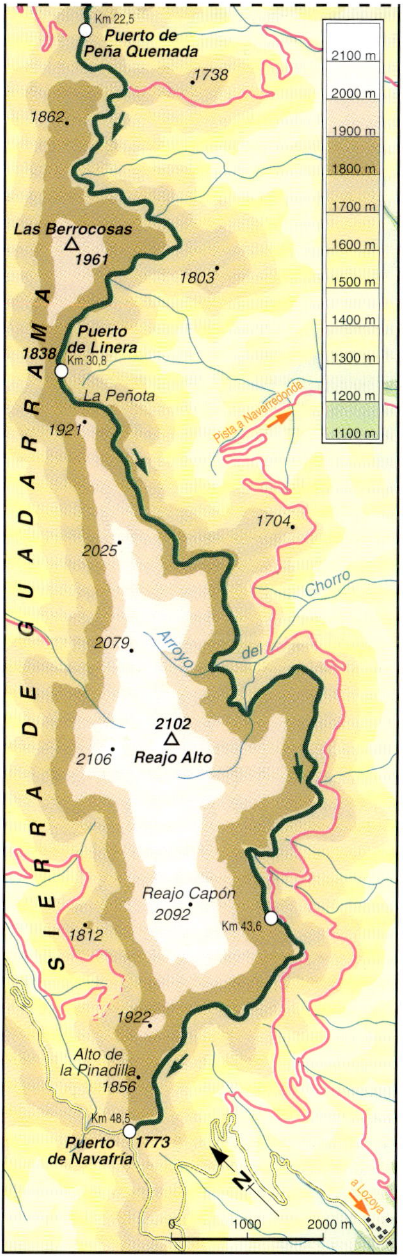
Km 22,5
Puerto de Peña Quemada
1738
1862
Las Berrocosas
1961
1803
Puerto de Linera
1838
Km 30,8
La Peñota
1921
Pista a Navarredonda
1704
2025
Chorro
Arroyo del
2079
2102
Reajo Alto
2106
Reajo Capón
2092
Km 43,6
1812
1922
Alto de la Pinadilla
1856
Km 48,5
Puerto de Navafría
1773
N
0
1000
2000 m
a Lozoya
Sierra de Guadarrama
2100 m
2000 m
1900 m
1800 m
1700 m
1600 m
1500 m
1400 m
1300 m
1200 m
1100 m

RUTA 18
UN PINTORESCO VALLE DE LA SIERRA NORTE

LONGITUD: 17,5 kilómetros.
DESNIVEL ACUMULADO: 400 metros.
HORARIO: Tres horas.
DIFICULTAD: Media. Primera parte del circuito en subida y resto en bajada.
CARTOGRAFÍA: Hoja del S.C.R. nº 1 y nº 2 a escala 1:50.000. Hoja del S.G.E a escala 1:50.000 nº 458. Mapa de La Sierra Norte a escala 1:50.000 editado por la Tienda Verde.
ACCESOS: Llegaremos hasta La Acebeda desde la N-I tomando el desvío del kilómetro 83. La ruta parte desde la misma Iglesia del puerto.
OBSERVACIONES: Recorrido circular, fácil de seguir y que se puede complementar con la ruta nº 17 a través de la pista horizontal de Somosierra. Como se trata de una ruta que nos ocupará apenas tres horas recomendamos visitar, despues del esfuerzo, las calles de este bonito pueblo y disfrutar de su gastronomía o de un justo descanso en alguno de los alojamientos rurales que se han establecido en la zona.

La Acebeda es una pequeña localidad de la Sierra Norte o Somosierra de apenas medio centenar de habitantes censados. Su casco urbano, aglutinado en torno a la vieja calle del Puerto de La Acebeda, es un interesante ejemplo de núcleo serrano tradicional. El entorno de La Acebeda es ideal para el senderismo y la bicicleta de montaña ya que dispone de numerosas pistas y caminos a la sombra de frondosos ejemplares de robles, fresnos, pinos, guindos y como no podía ser menos: acebos. A lo largo de la jornada completaremos un itinerario circular, de escaso kilometraje pero algo duro ya que salva el desnivel existente entre la localidad de La Acebeda y el puerto del mismo nombre. Se rememora con este trayecto uno de los enlaces trashumantes entre la Cañada Real Segoviana, en la vertiente madrileña, y la Cañada Real Soriana Occidental, en la vertiente norte (Segovia) donde se levanta la localidad de Prádena.

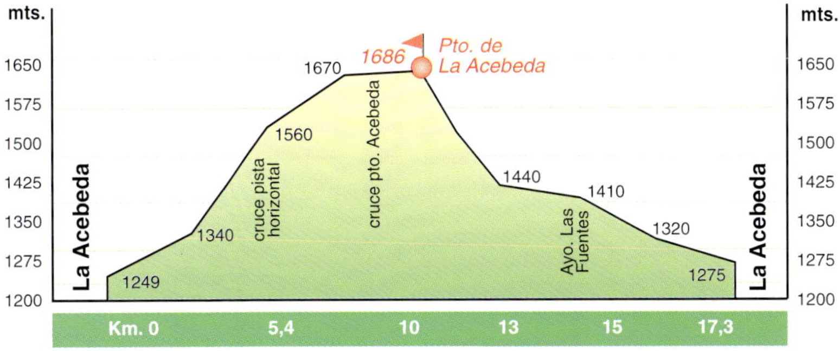

0,0 La Acebeda (1249 m). Plaza de la Iglesia. Se abandona el pueblo por la calle del Puerto donde se encuentra la fuente del Lavadero.

0,6 Cruce. Giramos a la derecha, la pista de la izquierda es la que utilizaremos de regreso. A nuestra derecha y ladera abajo queda el trazado del ferrocarril.

1,7 Arroyo del Saz o de la Dehesa (1340 m). Junto a este cauce se encuentra la ermita de la Virgen Blanca o del Saz. En este paraje se celebra cada 25 de julio la Romería de Santiago. Comienza la subida al cordal de Somosierra a través de la Peña de los Rasos. Este tramo es muy bonito ya que discurre inmerso en el bosque del Zarzosillo. La pista al ganar altura permite disfrutar de vistas privilegiadas sobre el trazado del Puerto de Somosierra. El roble autóctono deja paso al pinar de repoblación cerca ya de la pista horizontal.

5,4 Cruce de la pista horizontal de Somosierra (1560 m). Enlazamos con este conocido itinerario (ver ruta 17) y seguimos por el mismo a la izquierda en dirección al Puerto de La Acebeda.

10,0 Cruce del Puerto de La Acebeda (1670 m). Recorremos un último trecho de unos 500 metros para asomarnos a la ladera segoviana del Puerto. Volveremos posteriormente al cruce del Puerto.

10,5 Puerto de La Acebeda (1686 m). Impresionante vista de la vertiente segoviana de Somosierra. A nuestros pies se encuentran las localidades segovianas de Arcones (oeste) y Prádena (norte).

11,0 De nuevo en el cruce del Puer-

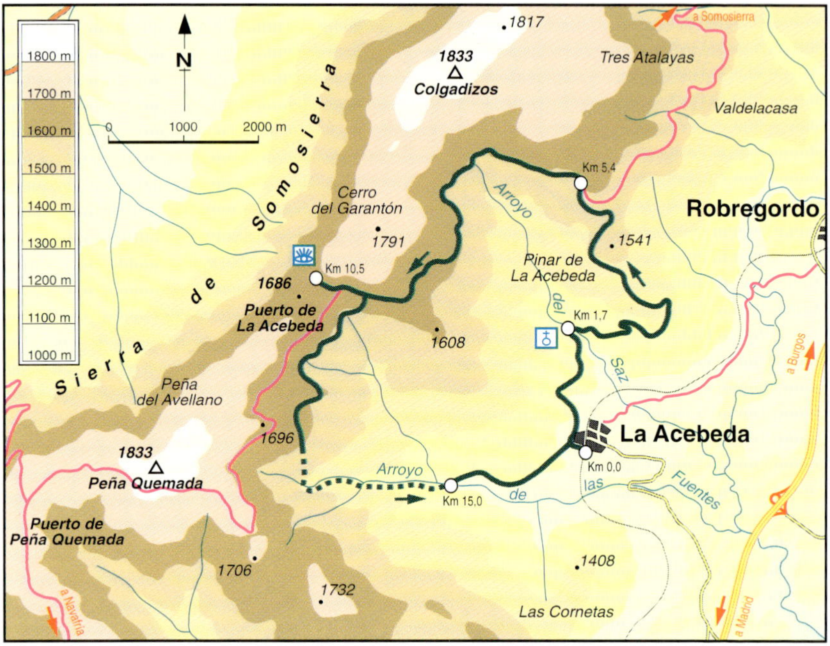

to. Seguimos recto para descender por el lado madrileño del Puerto. La pista horizontal continua por el lado derecho hacia Navafría.

13,2 Cruce (1440 m). Seguimos a la derecha por la pista principal que gira para internarse en los Valles del Portachuelo y La Solana. Es una bajada de gran belleza debido a la variedad de la vegetación. Como es lógico, encontraremos numerosos acebos, especie arbórea que da nombre al pueblo.

15,0 Arroyo de Las Fuentes (1410). La ruta gira hacia el oeste en dirección a La Acebeda. Este paraje es muy sombrío y húmedo lo que origina un microclima equiparable al del bosque Atlántico. Nos rodean numerosos helechos, acebos y serbales. Seguimos durante más de un kilómetro por la orilla derecha del valle hasta que tengamos que volver a cruzar el cauce (1300 m). Desde aquí se asciende un suave repecho por la orilla izquierda del arroyo.

16,3 Final de la última subida (1320).

16,9 Cruce del Puerto de La Acebeda. Llegamos al camino utilizado a la ida. Giramos a la derecha y descendemos al pueblo.

17,3 La Acebeda (1275 m).

En Somosierra encontraremos rincones de bosque autóctono

RUTA 19

BUITRAGO-MANZANARES: UN FIN DE SEMANA A TRAVÉS DE LAS SIERRAS DE MADRID

LONGITUD: 47 kilómetros.

DESNIVEL ACUMULADO: 400 metros.

HORARIO: Entre cuatro y cinco horas.

DIFICULTAD: Media. En general, el itinerario utiliza buenas pistas forestales y caminos rurales.

CARTOGRAFÍA: Hoja del S.C.R. nº 2, nº 4 y nº 5 a escala 1:50.000. Hojas del S.G.E. nº 484, nº 508 y nº 509 a escala 1:50.000.

ACCESOS: Hasta Buitrago por la N-I. Al ser un itinerario lineal harían falta dos vehículos o un coche de apoyo.

OBSERVACIONES: Desde Buitrago se inicia una etapa no exenta de dificultades como la subida al Puerto del Medio Celemín, a través del cual cruzaremos la Sierra de la Cabrera, camino de Bustarviejo. Ruta ideal para la primavera y el otoño. La segunda parte de este recorrido (ruta 20), debido a su ubicación geográfica, queda integrada en el capítulo 4.

La Comunidad de Madrid, a pesar de albergar en su reducido territorio más de cinco millones de habitantes conserva espacios naturales milagrosamente intactos y que deben de ser conservados a toda costa. Éste es el caso del trazado de la Cañada Real Segoviana una de las principales rutas de la trashumancia ibérica que atraviesa en una perfecta diagonal noreste-suroeste todo el flanco septentrional de la Comunidad. Hemos querido imitar a los antiguos rebaños y en un fin de semana otoñal hemos descendido, al igual que hacían las ovejas, por estos caminos en busca del amable invierno extremeño. Antes de comenzar el viaje llena tu alforja de ilusión y de espíritu reivindicativo ya que a buen seguro no todo lo que veas a lo largo de esta vieja ruta te resultará agradable: carreteras, vertederos, urbanizaciones o pantanos han borrado parte del camino original. Sin embargo, también encontraremos unas panorámicas difíciles de encontrar en otras rutas.

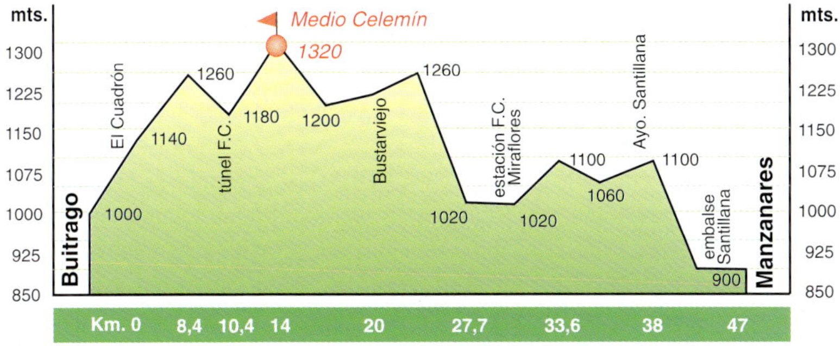

0,0 Buitrago del Lozoya (1000 m). Nos situamos en la antigua carretera N-I, en dirección a Madrid. A la salida del pueblo vemos en la calzada de la derecha, una gasolinera, ésta será nuestra primera referencia y en donde pondremos el cuentakilómetros a cero. Continuamos dirección a Madrid hasta llegar a un cruce.

0,7 Abandonamos la carretera en un cruce que sirve de acceso a la autovía. Pasamos por un puente bajo esta última y seguimos recto por una rampa en dirección a unas instalaciones del Canal de Isabel II (CYII).

1,12 Instalaciones del CYII. Un camino sirve de acceso a una zona recreativa llamada Riosequillo. Seguimos por un camino que parte más hacia la izquierda (sur) por una ladera despoblada. Pasamos junto a una granja a la vez que ascendemos bajo una línea eléctrica y junto a un muro de piedra.

2,07 La Cañada está cerrada por una empalizada con una puerta de palos y alambres que abrimos para pasar; no olvidar cerrarla. Éste es uno de los puntos clave para no equivocarnos ya que tras cruzar la puerta hay una bifurcación. Deberemos tomar el camino de la derecha que asciende paralelo al muro de piedra y bajo la línea eléctrica. El ascenso es muy bonito y se enlaza con tramos de trialera ciclable entre un bosquete de roble melojo.

3,76 ¡Ojo! Otro lugar que hay que tener en cuenta. Dejamos el camino ascendente en el punto en el que en el muro de la derecha se abre una puerta con un cartel de "Coto Privado de Caza". La puerta está cerrada con ramas e inutilizada por desuso, ésta es la entrada a una *calleja* o camino entre muros y que nos servirá de acceso al pueblo de El Cuadrón. Como la puerta es infranqueable saltamos la tapia, pero precaución ya que el camino está cubierto de vegetación y suele haber piedras ocultas. Las vistas al oeste del Valle del Lozoya son magníficas.

5,53 El pavimento pasa a ser de dura e incómoda piedra. Frente a nosotros vemos el pueblo de El Cuadrón. Ascendemos hacia el pueblo, a nuestro paso veremos un embarcadero de ganado. Aparecen las primeras placas metálicas que señalizan la vía pecuaria.

5,7 El Cuadrón (1140 m). Pequeño y tranquilo núcleo rural. Algunas de sus casas se han rehabilitado siguiendo el estilo de la Sierra Norte.

6,25 Cruzamos la carretera que se dirige al Valle del Lozoya. Una vez atravesada ésta, la Cañada asciende por un cómodo camino en dirección a un collado.

8,45 Collado (1260 m). Aparecen tres pistas; la de la derecha baja a Garganta de los Montes, la de la izquierda se dirige a Lozoyuela. La Cañada sigue de frente y comienza un rápido descenso hacia el apeadero de ferrocarril de Lozoyuela. En la bajada disfrutaremos de unas inigualables vistas de la ladera norte de la Sierra de La Cabrera.

10,0 Antigua cantera. Aquí termina el descenso. Seguimos recto en dirección sur.

10,4 Túnel del ferrocarril (1180 m). La pista gira a la derecha. En este punto, aprovechando la presencia del apeadero de tren, se levanta un pequeño núcleo de chalets.

10,7 Casa abandonada. De frente sigue un camino hacia el apeadero, donde se ve un generador eólico de electricidad. Nuestro camino es el que, girando a la derecha, inicia un durísimo ascenso en busca del Puerto del Medio Celemín.

12,95 Estamos ascendiendo la cara norte del Puerto del Medio Celemín. A la izquierda parte una de las pistas forestales que se dirigen hacia la ladera septentrional del macizo de La Cabrera. Nosotros seguimos recto por la pista de ascenso, ignorando la siguiente pista que desciende a la izquierda.

14,0 Puerto del Medio Celemín (1320 m). Justo antes de culminar la subida aparece a nuestra izquierda una pista que ignoramos. Seguimos recto y a la derecha, la subida aún no ha finalizado. Una vez alcanzado el Puerto, la cañada desciende hacia la derecha, en dirección suroeste. Estamos en una nueva unidad geográfica. Desde el Puerto del Medio Celemín podemos observar, al sur la enorme fosa del río Guadalix inundada por el pantano de El Vellón. A nuestros pies y casi oculta por los canchales de granito se levanta la localidad de Valdemanco. La Cañada desciende hacia Bustarviejo recorriendo la ladera meridional del Pico Mondalindo a cuyo pie nacen numerosos manantiales.

15,2 Bifurcación (1200 m). La Cañada, y por tanto nuestro camino, sigue a la derecha tras superar un pequeño repecho. El camino de frente desciende hacia Valdemanco, localidad situada a escasa distancia.

16,3 Bifurcación, seguimos recto. De frente y en la distancia se abre el Collado de Bustarviejo a través del cual pasará la Cañada unos kilómetros más adelante.

17,25 Se incorpora a la izquierda el sendero GR-10 que se solapará a partir de ahora con gran parte del trazado de la Cañada. Esta circunstancia facilitará enormemente la localización de la ruta, identificable por las conocidas marcas rojas y blancas que balizan los senderos de Gran Recorrido (GR).

17,85 A nuestra izquierda, y separada de la Cañada por una tapia, se levanta La Pesquera, una urbanización de las que tanto han proliferado al borde de las vías pecuarias. La Cañada sigue recto (oeste), en dirección a Bustarviejo. Al llegar a un alto divisamos el núcleo urbano de Bustarviejo emplazado en un paraje muy bonito.

19,1 Cruce de la urbanización Bustarnuevo. Salimos a la carretera de Valdemanco a Miraflores, justo a la altura de la ermita de la Soledad. Hacia la derecha llegamos por carretera a Bustarviejo.

20,0 Bustarviejo (1222 m). Atravesamos el centro de la localidad para recuperar el trazado de la Cañada y seguimos la indicación hacia Miraflores de la Sierra. El siguiente kilómetro es inevitable hacerlo sobre asfalto.

21,5 Collado (1260 m). La carretera, tras un pequeño repecho, ha llegado a un collado con una fuente, en donde hay una zona recreativa (conexión con la ruta 21). Abandonamos la carretera, ya que a la izquierda de la misma parte una pista de tierra que bordea un pinar. La mejor referencia son las marcas del GR-10.

21,7 La pista rodea el pinar y gira a la izquierda (oeste). Comienza el descenso por el Valle de los Abedules. Este valle está recubierto por bosquetes de pino, roble y abedul. Frente a nosotros se encuentra la Sierra de la Morcuera a cuyo pie se levanta Miraflores de la Sierra.

25,23 ¡Ojo!, seguimos recto por el sendero más estrecho.

26,27 Continuamos recto. Hacia el fondo del valle nos encontraremos con un viaducto de la línea de ferrocarril Madrid-Burgos.

27,77 Viaducto del ferrocarril (1020 m). A la derecha hay una pasarela de hormigón para cruzar el cauce del río. Cruzamos y remontamos la ladera por el sendero que asciende por la izquierda y de forma suave hacia las vías del tren.

28,2 Estamos en un punto entre la vía del tren (izquierda) y unas construcciones (derecha), seguimos de frente hasta retomar una pista ancha que nos lleva hasta la carretera de la estación de tren de Miraflores.

28,6 Acceso a la estación de ferrocarril de Miraflores (1020 m). Seguimos recto. Rodeamos, por el sur, la localidad de Miraflores. La cercanía del pueblo se manifiesta en algunos tramos por la presencia de señales humanas indeseables como pueden ser basuras, escombros y restos de vehículos.

30,0 Seguimos la pista principal.

30,9 Carretera M-626 de Miraflores a Guadalix. La cruzamos y seguimos recto.

31,47 Carretera M-611 de Miraflores a Soto. La cruzamos y seguimos recto.

33,6 Puerta de ganado y casa

La Cañada Real Segoviana a su llegada a Miraflores de la Sierra

(1100 m). La vista es muy bonita, pudiéndose distinguir las crestas de la Pedriza con el collado de la Ventana. Estamos junto a la Ermita de San Blas. Seguimos la pista principal y comenzamos un rápido descenso.

33,9 Podemos seguir por la pista principal (recto y a la izquierda) o tomar el trazado original de la Cañada, señalado a la derecha por la consabida placa y las cercas de piedra. Esta última opción nos hará disfrutar de un kilómetro de sendero trialero muy bonito.

35,0 Volvemos a la pista.

36,1 Puerta. Llegamos al Embalse del Mediano o de Soto (1060 m). En este lugar existe una encrucijada de caminos.

36,28 Pista a la derecha. La pista de la izquierda desciende hasta Soto de El Real. El pantano quedará a nuestra izquierda.

37,0 Seguimos por la derecha, sin llegar a cruzar el río. El camino comienza un breve ascenso.

37,89 Cruzamos un arroyo que baja directamente de la ladera de la Najarra.

38,0 Arroyo de Santillana (1100 m). La mejor opción es cruzarlo ya que desde el otro lado se torna una excelente pista que no hemos de abandonar en un largo y espectacular descenso. Esta pista desciende de una cantera que se encuentra frente a nosotros.

38,6 Tomamos la pista que discurrirá por la orilla derecha del arroyo de Santillana.

39,7 Puerta de piedra. A la izquierda se ha incorporado otro camino que procede del pantano de Soto.

40,53 A la derecha se levanta un monolito típico del relieve granítico en parte desmontado por los canteros. Los sotos que se levantan al pie de la pared del Yelmo son bellísimos.

43,0 Carretera M-608 de Soto a Manzanares el Real (900 m). Cruzamos la carretera y tomamos inmediatamente a la derecha (oeste) un camino que se dirige a Manzanares, paralelo a la carretera y a la orilla del pantano de Santillana.

46,6 Entrada a Manzanares. La Cañada está ocupada en parte por edificaciones como una gasolinera o la Casa Cuartel de la Guardia Civil.

47,0 Manzanares El Real (900). Plaza de la Iglesia en cuya torre nunca faltan las entrañables cigüeñas.

EL ALTO MANZANARES, GUADARRAMA Y ALTO LOZOYA

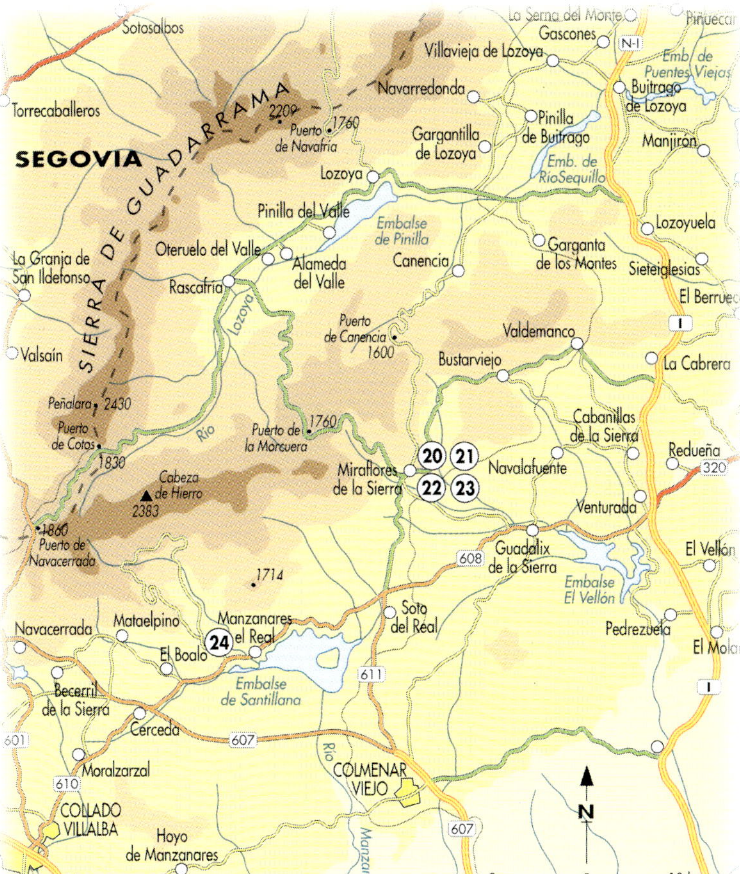

RUTA 20

MANZANARES-VILLALBA: UN FIN DE SEMANA A TRAVÉS DE LAS SIERRAS DE MADRID

LONGITUD: 21 kilómetros.
DESNIVEL ACUMULADO: 100 metros.
HORARIO: Dos horas.
DIFICULTAD: Fácil. Prudencia con otros vehículos en los cruces y en las ocasiones en las que circulemos por carreteras abiertas al tráfico.
CARTOGRAFÍA: Hojas del S.C.R. nº 4 y 7 a escala 1:50.000. Hojas del S.G.E. nº 508 y 533 a escala 1:50.000.
ACCESOS: Al tratarse de un itinerario lineal necesitamos dos vehículos, uno al comienzo y otro al final. Hasta Manzanares el Real se puede llegar a través de las carreteras M-607 y M-608. Desde Collado Villalba, el mejor acceso es a través de la N-VI y el ferrocarril de Cercanías.
OBSERVACIONES: Todas las épocas del año son recomendables para recorrer esta ruta, si bien por cuestiones paisajísticas primavera y otoño son ideales. Ruta mixta pista-asfalto. Se puede variar el final de la ruta y conectar con el itinerario nº 4 para descender hacia Madrid vía Colmenar, Tres Cantos y San Sebastián de los Reyes. Desde Collado Villalba se puede regresar a casa en Cercanías de RENFE. La primera parte de esta ruta la encontrarás al final del capítulo anterior (ruta 19).

En esta segunda etapa de nuestro peculiar viaje trashumante recorreremos uno de los sectores más populares y conocidos de la Sierra de Guadarrama, a pesar de lo cual, el entorno de la Cañada está relativamente bien conservado y apenas percibiremos la presencia de las poblaciones cercanas y de las colonias de veraneo. Sin embargo, sí es apreciable el paso de todo tipo de vehículos por la Cañada: bicicletas, motos y los tan de moda automóviles todo-terreno. Disfrutaremos, al igual que en el tramo anterior, de vistas privilegiadas sobre La Pedriza, Cuerda Larga y el Pico de la Maliciosa. A partir de Moralzarzal, la urbanización del entorno es total y las agresiones a la vía pecuaria son constantes: carreteras, chalets, gasolineras y a modo de colofón el centro comercial de Collado Villalba. Aquí daremos por concluido nuestro viaje aunque los más aventureros aún podrían seguir viajando hacia el suroeste por las cercanías de Valdemorillo, el río Perales y la provincia de Toledo, pero este viaje lo dejaremos para otra ocasión.

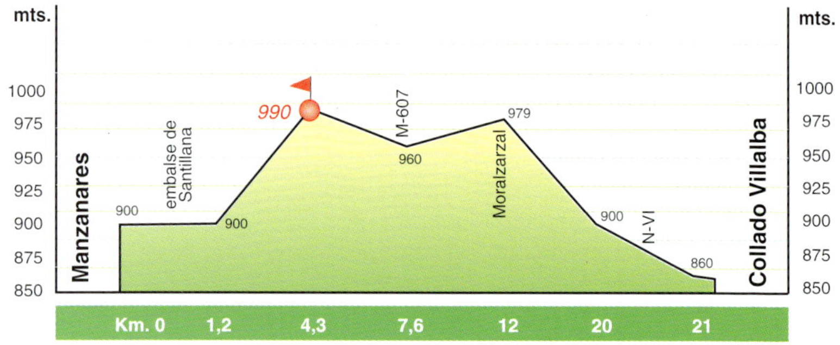

0,0 Manzanares El Real (900 m). Salimos de la plaza de la Iglesia. Tomamos dirección oeste a través de la antigua travesía del pueblo. Antes de abandonar éste cruzamos el puente sobre el río Manzanares. A la izquierda aún se conserva el primitivo puente de piedra de origen medieval y por el que debió pasar la ruta trashumante.

0,4 Cruce de carreteras. Precaución ya que esta intersección es muy peligrosa. Atravesamos la carretera Manzanares-Cerceda y seguimos de frente por una pequeña calle. Inmediatamente, esta calle pasa a ser una carretera en muy mal estado que se dirige hacia el sur buscando una de las colas del pantano de Santillana.

1,2 Puente sobre la cola del pantano (900 m). Al otro lado del puente aparece una encrucijada de pistas, seguimos recto por el camino que asciende.

2,0 La Cañada asciende directamente por la ladera, a la derecha se abre una puerta a través de la cual pasa la pista. Seguimos por ésta ya que nos permitirá hacer el ascenso de un modo más progresivo y cómodo.

3,3 Nueva puerta. La Cañada se incorpora por la izquierda después del ascenso.

4,3 Encrucijada importante (990 m). En este punto seguimos a la derecha. La pista que sale a la izquierda, baja hacia Colmenar Viejo siguiendo el itinerario de la ruta nº 4.

4,7 Depósito del Canal de Isabel II. Este "bodrio" situado en plena vía pecuaria podría haberse recubierto de piedra, simulando un torreón o algo menos agresivo que el hormigón puro y duro.

6,8 Vado y abrevadero. A partir de este punto y hasta el cruce de la carretera de Colmenar a Cerceda, la vía pecuaria ha estado ocupada por un vertedero. Usos tan indeseables como éste son habituales en la Cañada, y es una pena, sobre todo por lo bello del paraje, con unas vistas inmejorables de la Sierra de Hoyo de Manzanares (frente) y de la mole de la Maliciosa (derecha).

7,6 Carretera M-607 de Colmenar a Cerceda (960 m). Cruzamos con precaución y seguimos recto. La Cañada alcanza una anchura considerable y el fácil acceso a la misma desde la carretera provoca el típico desembarco de domingueros que suelen dejar este lugar hecho una pena. La Cañada asciende una suave ladera al tiempo que gira hacia el oeste.

9,2 Acaba la subida. A la derecha se levanta una gran casa. Seguimos la pista principal. A partir de este punto la Cañada se ve secundada por dos caminos que corren paralelos a la misma, cualquiera de las dos opciones nos sirve.

10,7 La Cañada se bifurca, seguimos recto. A la derecha dejamos la alambrada de un campo de tiro al plato, ¡que original uso para la Cañada! Diversas edificaciones vuelven a ocupar la Cañada.

12,0 Moralzarzal (979 m). Cañada y carretera coinciden a la entrada de esta localidad. Nos incorporamos a la carretera y tomamos dirección suroeste (izquierda) para dirigirnos a Collado Villalba.

12,5 Rotonda. El casco urbano de Moralzarzal queda a la derecha. Seguimos, ya por asfalto en dirección a Collado Villalba. La carretera y la Cañada coinciden hasta el cruce con la N-VI. A pesar de la coincidencia de trazados aún podemos buscar espacio entre el asfalto y las cercas de piedra para seguir la ruta.

20,0 Collado-Villalba (900 m). Con los nuevos ejes viarios y un centro comercial, la Cañada ha sido masacrada y es difícil encontrar el trazado original. Seguimos hasta el final de la avenida de la Batalla de Bailén. En este punto existe una rotonda con bastante tráfico a un lado tenemos la autopista de Guadarrama (N-VI) que es salvada por la cañada mediante un paso subterráneo. Al otro lado hay una parada de autobús y unos campos de petanca instalados sobre el propio curso de la Cañada. Desde aquí seguiremos hasta la estación de tren.

21,0 Estación de Cercanías de Villalba (860 m). Final del recorrido.

En la Comunidad de Madrid también se pueden realizar rutas de varias etapas

❧ Una de las señales de vía pecuaria que jalonan el camino ❧

RUTA 21

PEDALEANDO POR LA SIERRA DE LA MORCUERA

Longitud: 31 kilómetros (opción corta), 38 kilómetros (opción larga).

Desnivel acumulado: 650 metros.

Horario: Entre tres y cuatro horas. Una hora más en la segunda opción.

Dificultad: Media. La subida a Morcuera se hace larga teniendo que superar fuertes repechos, pero sin embargo es casi la única cuesta del recorrido. Dificultad alta si añadimos la bajada de Canencia al Collado de Bustarviejo.

Cartografía: Hoja del S.C.R. a escala 1:50.000 nº 4. Hoja del S.G.E. a escala 1:50.000 nº484 y nº 509.

Observaciones: Subida a través de caminos de tierra a un puerto clásico del ciclismo de carretera. Ruta idónea para primavera y sobre todo para el otoño, en esta estación los robledales de la Najarra están preciosos. El nombre de Morcuera procede del castellano antiguo. La "cuera" era una prenda de abrigo de los pastores y la "mala cuera" alude al frío que hacía en estos parajes.

La pista que discurre entre los puertos de Morcuera y Canencia es sin duda uno de los trazados de montaña mas representativos del paisaje de Guadarrama. Discurriremos entre Morcuera y Canencia por una sucesión de valles orientados al norte lo que favorece la presencia de especies vegetales propias de climas húmedos como el roble, el acebo o el abedul. Esta última especie se encuentra con abundancia en el llamado "Abedular de Canencia" un espacio natural protegido situado en la cara septentrional del puerto. Después del esfuerzo de la subida a la Morcuera, dedicaremos la segunda parte de la ruta a disfrutar de una pista casi siempre en descenso. Desde el puerto de Canencia se plantean dos posibilidades, descender por la vertiente sur del puerto hasta Miraflores o bajar por el sendero que traza el GR 10-1 hasta el Collado de Bustarviejo y de aquí a Miraflores por la Cañada Segoviana.

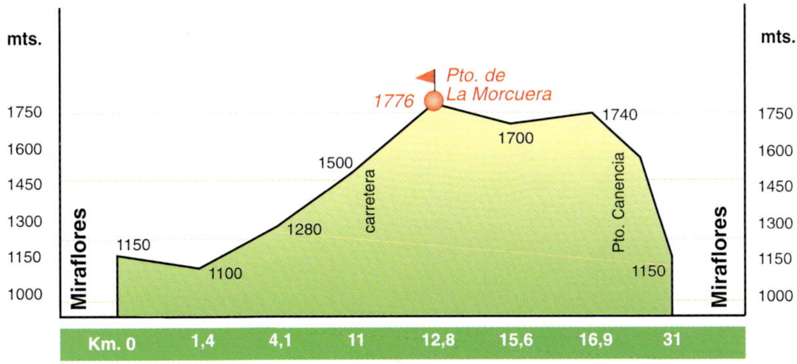

0,0 Plaza de Miraflores de la Sierra (1150 m). Tomamos la carretera en dirección a Rascafría y que sale de la misma plaza.

0,47 Desvío a la izquierda. La carretera que dejamos a nuestra derecha asciende al Puerto de la Morcuera, pero nosotros vamos a subir por pista.

1,46 Merendero (1100 m). Hemos llegado hasta aquí después de una ligera bajada. Seguimos por la pista principal que sube hacia la izquierda. Pasamos junto a la Fuente del Cura.

2,0 Seguimos por la pista principal. De frente acaba el asfalto.

3,4 Cogemos la pista que sube a la derecha.

3,94 De nuevo seguimos subiendo a la derecha.

4,17 Cruzamos una valla (1280 m).

4,33 La pista que sigue recto se dirige a la Hoya de San Blas (ver la ruta 23). Giramos a la derecha y comenzamos de nuevo a subir. Estamos en pleno robledal de la Najarra.

4,42 Parece que la pista sigue de frente pero una curva a la derecha nos indica el camino correcto.

6,94 De nuevo una curva a la derecha. Unos enormes canchales de piedra recubren la ladera del Pico de La Najarra.

11,0 Carretera de La Morcuera (1500 m). La pista finaliza aquí. Giramos a la izquierda y ascendemos el resto del puerto por carretera.

12,8 Puerto de La Morcuera (1776 m). Descendemos hacia la vertiente norte por carretera.

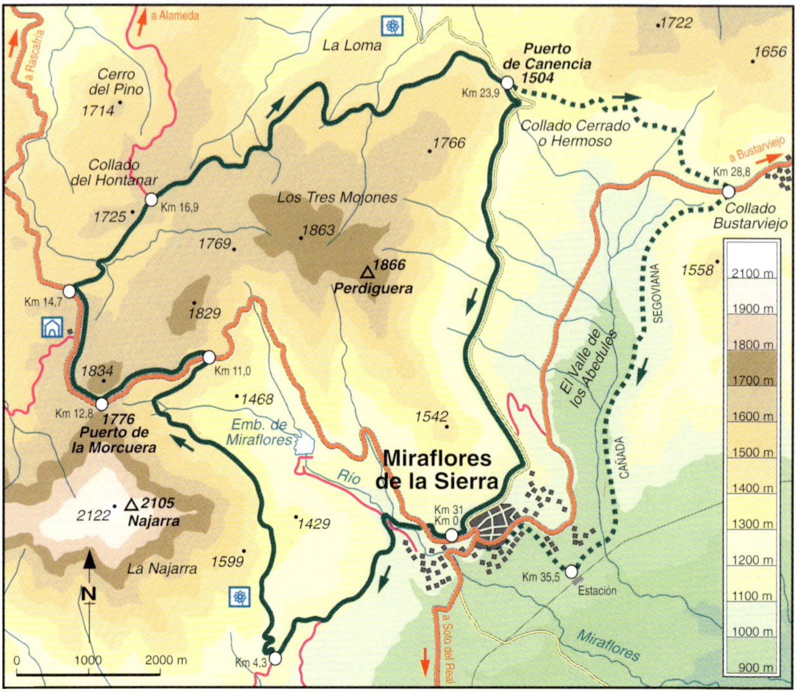

14,17 Refugio de La Morcuera. La ruta 22 gira en este punto a la izquierda para descender a Rascafría. En esta ocasión seguimos descendiendo por carretera.

15,0 Antes de entrar en la segunda curva a la izquierda dejaremos la carretera. Cogemos una pista que parte a la derecha y pasamos una cerca.

15,66 Cruzamos la valla (1700 m). Comienza una subida.

16,9 Finaliza la subida (1740 m). Nos desviamos a la derecha, la pista de la izquierda desciende por la "Majada del Cojo" en dirección Alameda del Valle. Por este punto se incorpora la ruta 22.

20,46 Seguimos de frente.

22,62 Pasamos por El Hornillo, un albergue de la Agencia de Medio Ambiente.

23,9 Cruzamos la valla y alcanzamos por su cara norte el Puerto de Canencia (1524 m). Descendemos por carretera hacia Miraflores de la Sierra.

31,0 Miraflores de la Sierra (1150 m).

La Sierra de La Morcuera, una masa forestal de gran valor medioambiental

Opción de regreso

A Miraflores por el Collado de Bustarviejo

Esta opción se toma desde la cima del Puerto de Canencia o desde el lado exterior de la primera curva a la derecha que hay en la carretera de descenso a Miraflores.

23,9 Puerto de Canencia (1524 m). Desde la cima del puerto y orientados a la vertiente sur veremos que a la izquierda (este) parte una pista. Dicho camino, ligeramente ascendente al comienzo, pronto comienza a descender. La mejor referencia para seguir sin problemas este complicado tramo será la de las marcas del GR-10,1.

24,7 Collado Cerrado o Hermoso. Comienza el descenso.

25,6 Tramo difícil. Seguimos por el sendero del GR-10,1. El camino está claramente orientado al sureste y discurre en tramos de zigzag por una especie de gran corredor herboso que se abre entre dos bosques de pinos. De frente y a la izquierda vemos el collado hacia donde descendemos y por donde discurre la carretera M-610 de Miraflores a Bustarviejo. Hacia el sur se distingue al casco urbano de Miraflores.

26,4 Arroyo de la Mina (1250 m). Cruzamos el arroyo y ascendemos por su orilla izquierda hasta llegar a un camino muy definido. La carretera M-610 aparece un poco más abajo a nuestra derecha. Seguimos por el camino hasta un campo de fútbol que se encuentra junto al collado.

28,8 Collado de Bustarviejo (1200). Zona recreativa y fuente. Cruzamos la carretera M-610 ya que iremos hacia un amplio camino que discurre por el flanco sur del collado. Este camino es la Cañada Real Segoviana (ver ruta 19). Entramos en la Cañada y la seguimos a la derecha dirección a Miraflores. La pista de tierra bordea un pinar. Como referencia, la cañada tiene marcas del GR-10.

29,0 La pista tras rodear el pinar gira definitivamente a la izquierda (oeste) para descender por el Valle de los Abedules. Frente a nosotros, tapizada de robles, se encuentra la Sierra de la Morcuera a cuyo pie se levanta Miraflores de la Sierra. Hacia atrás podemos ver el pasillo entre pinares por donde hemos descendido desde Canencia.

32,5 ¡Ojo!, seguimos recto por el sendero más estrecho.

33,6 Continuamos recto. Hacia el fondo del valle nos encontraremos con un viaducto de la línea de ferrocarril Madrid-Burgos.

35,0 Viaducto del ferrocarril (1020). A la derecha hay una pasarela de hormigón para cruzar el cauce del río. Cruzamos y remontamos la ladera por el sendero que asciende por la izquierda y de forma suave hacia las vías del tren.

35,4 Estamos en un punto entre la vía del tren (izquierda) y unas construcciones (derecha), seguimos de frente hasta retomar una pista ancha que nos lleva hasta la carretera de la estación de tren de Miraflores.

35,8 Estación de ferrocarril de Miraflores (1000 m). A la derecha por carretera ascendemos hasta Miraflores.

38,0 Miraflores de La Sierra (1150).

El invierno pasa factura en los caminos de La Morcuera

RUTA 22
LOS PUERTOS CLÁSICOS

LONGITUD: 59,3 kilómetros.
DESNIVEL ACUMULADO: 1.400 metros.
HORARIO: De cuatro a cinco horas.
DIFICULTAD: Muy alta. Circuito heterogéneo en cuanto al tipo de pista recorrida. Se combinan los fuertes ascensos con largas y suaves bajadas. Sin duda el "premio especial de la montaña" lo tiene en esta ocasión la subida a la Majada del Cojo una interminable sucesión de curvas que salvan un gran desnivel.
CARTOGRAFÍA: Hoja del S.C.R. a escala 1:50.000 nº 4. Hoja del S.G.E. a escala 1:50.000 nº 484 y nº 509. Mapa "Sierra de Guadarrama" a escala 1:50.000 editado por la Tienda Verde.
ACCESOS: La ruta comienza en Miraflores, en el cruce de las carreteras de Morcuera y Canencia, en pleno centro urbano. Suele ser difícil encontrar aparcamiento en esta zona.
OBSERVACIONES: Hay que tener en cuenta que una vez se ha descendido al Valle del Lozoya, la única manera de regresar a Miraflores es afrontando la subida a la Majada del Cojo. Hay que ser previsor y reservar fuerzas para superar este reto.

Ruta muy conocida entre los ciclistas de montaña ya que permite ascender casi en su totalidad por caminos de tierra uno de los puertos clásicos del ciclismo de carretera: La Morcuera. Desde el punto de vista paisajístico este itinerario se caracteriza por la diversidad botánica y la variedad de parajes de interés geomorfológico. Atravesaremos bosques de roble y de pino albar y en las zonas más elevadas transitaremos sobre prados de alta montaña salpicados de piornales. No menos interesante es el Alto Lozoya que cruzaremos en las proximidades del Monasterio del Paular, uno de los mas bellos rincones de la Comunidad de Madrid. Junto al Paular se encuentra la localidad de Rascafría que cuenta con encantos suficientes como para realizar una mas que justificada "parada técnica" en la mitad del itinerario. Centinela del recorrido será la cima del Pico Peñalara máxima altura de la Sierra de Guadarrama.

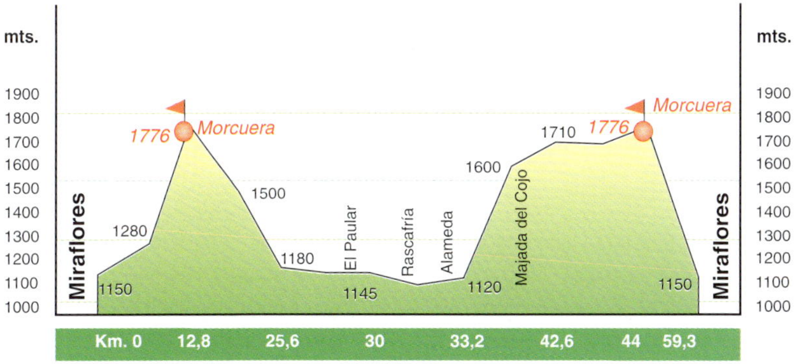

0,0 Miraflores de la Sierra (1150 m). Nos situamos en el cruce que se encuentra a la salida norte del pueblo. La opción de la izquierda se dirige a Rascafría a través de La Morcuera y la opción de la derecha sube a Canencia. Giramos a la izquierda y entramos en la carretera M-611 hacia La Morcuera.

0,47 Tomamos un desvío a la izquierda. La carretera al puerto sigue recto. Descendemos hacia el valle del río Miraflores.

1,46 Zona recreativa junto al río. Seguimos la pista asfaltada hacia la izquierda y pasamos junto a la fuente del Cura.

2,0 Seguimos recto por la pista principal. El pavimento pasa a ser de tierra. En los sucesivos desvíos tomaremos la opción de la derecha, ascendente y por la pista principal.

3,4 En este cruce y en el siguiente (a 400 metros) seguiremos por la pista que asciende a la derecha.

4,17 Atravesamos una valla (1280).

4,33 La pista que sigue recto se dirige a la Hoya de San Blas (ver la ruta 23). Giramos a la derecha y comenzamos de nuevo a subir.

4,42 Parece que la pista sigue de frente pero una curva a la derecha nos indica el camino correcto.

6,94 De nuevo una curva a la derecha.

11,0 La pista de tierra finaliza en la carretera de la Morcuera (1500 m). Giramos a la izquierda y ascendemos el resto del puerto por carretera.

12,8 Puerto de La Morcuera (1776). Descendemos hacia la vertiente norte por carretera.

14,17 Refugio de La Morcuera. Dejamos la carretera y giramos a la izquierda por la pista que nace junto al refugio (la ruta 21 sigue recto). Cruzamos una barrera e iniciamos el largo descenso hasta el fondo del valle de Lozoya.

17,34 Pasamos junto a las viejas edificaciones de un vivero (1500 m). Un poco más adelante en un tramo de curvas se encuentra la Cascada del Purgatorio, formada por las aguas del arroyo del Aguilón. Para contemplar esta cascada hay que apartarse un poco de la pista y asomarse a un mirador que se abre hacia la derecha.

23,68 Curva muy cerrada a la derecha. Seguimos por la pista principal ignorando la opción de la izquierda.

25,6 Zona de acampada "Arroyo del Aguilón" (1180 m). Pasamos una barrera y un puente. El campamento queda a nuestra izquierda. A partir de ahora la pista está abierta al tráfico de coches. A la izquierda y aprovechando el curso del Lozoya se encuentra la zona recreativa conocida como "Las Presillas".

27,33 Cruce de caminos. Seguimos recto hasta llegar al puente sobre el Lozoya.

27,5 Puente del Perdón (1151 m). Cruzamos el Lozoya y nos incorporamos hacia la derecha siguiendo el carril bici que enlaza El Paular con Rascafría. Frente a nosotros se levanta el Monasterio de El Paular.

30,0 Rascafría (1145 m). Localidad de hondo sabor serrano. Seguimos por la carretera M-604 en dirección a Oteruelo y Alameda del Valle. Al margen de la carretera, existen caminos alternativos que comunican estos tres pueblos.

32,0 Alameda del Valle (1105 m). Dejamos la carretera M-604 para entrar en esta pequeña localidad. Seguimos por la calle principal hacia el sur y dejamos a nuestras espaldas el pueblo.

32,4 Río Lozoya. Atravesamos de nuevo su cauce y nos dirigimos en dirección al campo de fútbol. Junto a unos de los laterales del campo veremos que nace una pista forestal. Aquí comienza la subida a la Majada del Cojo. Es un ascenso muy duro, que gana altura gracias al trazado de sus endiabladas curvas.

33,2 Puerta de hierro (1120 m). El camino es común durante un trecho con la pista que asciende hacia la Ermita de Santa Ana. Dejaremos ésta a nuestra derecha.

40,0 Majada del Cojo (1600 m). Aquí se encuentra el Albergue del mismo nombre que pertenece a la Comunidad de Madrid.

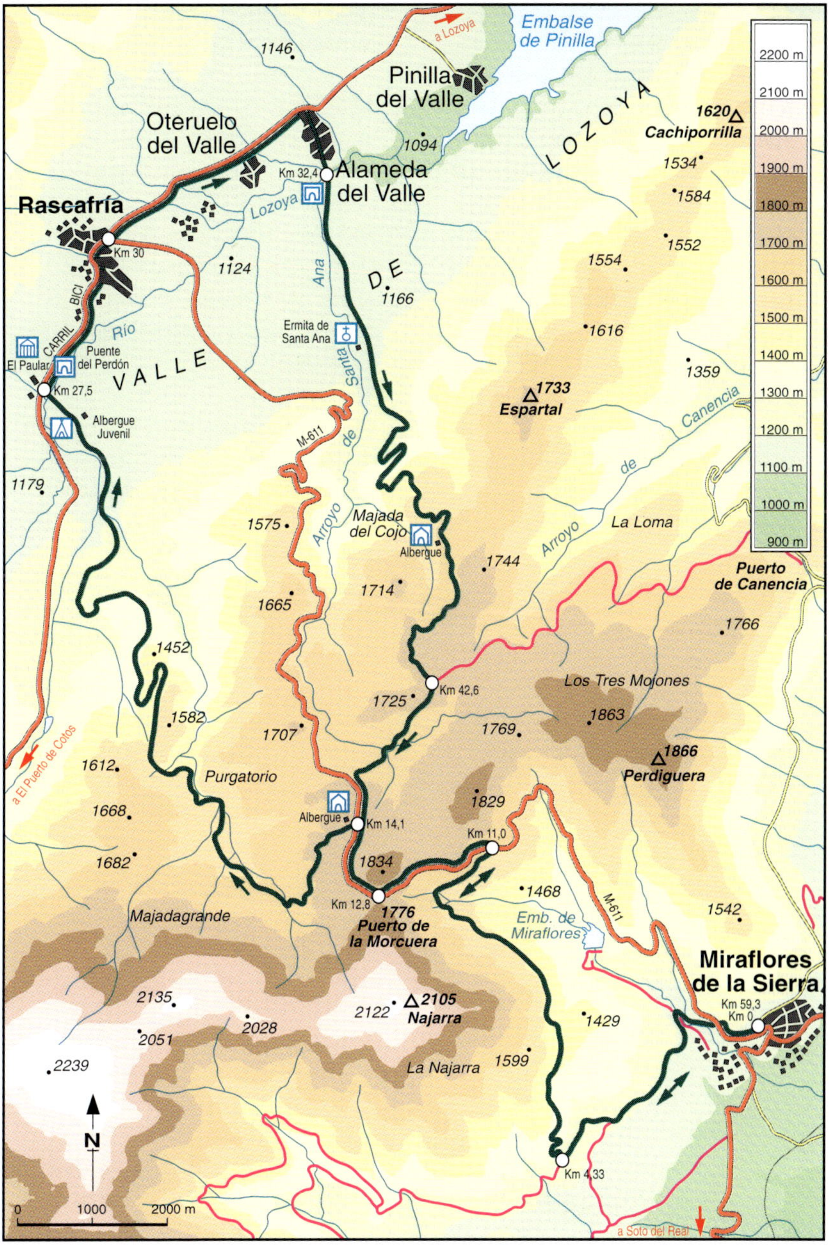
Embalse de Pinilla
a Lozoya
Pinilla del Valle
Oteruelo del Valle
Alameda del Valle
Rascafría
Km 30
Km 32,4
Km 27,5
El Paular
Puente del Perdón
Albergue Juvenil
CARRIL BICI
Río Lozoya
VALLE DE LOZOYA
Ermita de Santa Ana
Arroyo de Santa Ana
Majada del Cojo
Albergue
M-611
Cachiporrilla
Espartal
La Loma
Arroyo de Canencia
Puerto de Canencia
Los Tres Mojones
Perdiguera
Km 42,6
Purgatorio
Km 14,1
Km 11,0
Km 12,8
1776 Puerto de la Morcuera
Majadagrande
Emb. de Miraflores
Miraflores de la Sierra
Km 59,3
Km 0
Najarra
La Najarra
Km 4,33
a El Puerto de Cotos
a Soto del Real
N
0
1000
2000 m
2200 m
2100 m
2000 m
1900 m
1800 m
1700 m
1600 m
1500 m
1400 m
1300 m
1200 m
1100 m
1000 m
900 m

42,6 Cruce de caminos (1710 m). Hemos llegado a la pista que recorre la cara norte de la Sierra de la Morcuera conectando este último puerto con el de Canencia. Tenemos dos opciones muy interesantes. La primera de ellas consiste en girar a la derecha y volver a Miraflores a través de la Morcuera descendiendo por el camino utilizado en la ida. La segunda coincide con el itinerario 21 y consiste en volver a Miraflores a través del Puerto de Canencia. Nosotros seguiremos la primera de las opciones. Giramos a la derecha y descendemos levemente por una zona de pinar de repoblación.

44,0 Vaguada, curva a la izquierda y verja. Leve ascenso hasta la cercana carretera M-611.

44,6 Carretera M-611 Rascafría-Miraflores (1700 m). Giramos a la izquierda y recto hasta el Puerto.

46,5 Puerto de La Morcuera (1776). Desde aquí hasta Miraflores regresamos por el mismo camino del ascenso. Podéis descender también por carretera.

48,3 Pista a la derecha. ¿Pista o carretera? Tuya es la elección. Nosotros bajaremos por el itinerario utilizado en la ida.

59,3 Miraflores (1150 m).

Una ruta con acusados desniveles

RUTA 23

UN PASEO POR LA HOYA DE SAN BLAS

LONGITUD: 33,5 kilómetros.
DESNIVEL ACUMULADO: 600 metros.
HORARIO: De tres horas a cuatro horas.
DIFICULTAD: Media. Se puede acortar el kilometraje si evitamos el tramo en "fondo de saco" de 10 kilómetros ida y vuelta hasta las faldas del collado de La Ventana.
CARTOGRAFÍA: Hoja del S.C.R. a escala 1:50.000 nº 4. Hoja del S.G.E. a escala 1:50.000 nº 508 y 509. Mapa "Sierra de Guadarrama" a escala 1:50.000 editado por la Tienda Verde.
ACCESOS: Hasta Miraflores solo hay opción de acceder en automóvil. La ruta comienza en el cruce de Morcuera y Canencia. Suele ser difícil encontrar aparcamiento en esta zona.
OBSERVACIONES: Itinerario común con las rutas 21 y 22 hasta el kilómetro 4,33. Son muy recomendables las variantes que se describen al final de la ruta para descender desde Miraflores hasta Manzanares El Real y Soto del Real utilizando vías pecuarias como la Cañada Segoviana (ruta nº 19) que es coincidente a su vez con el GR-10. Ruta ideal para cualquier época del año.

La Hoya de San Blas es un bucólico paraje situado en la falda meridional del Pico de la Najarra, la última elevación hacia el este de la Cuerda Larga. Se trata de una zona boscosa, bastante accidentada y que cuenta con una excelente panorámica sobre La Pedriza posterior, Soto del Real y el Cerro de San Pedro. En la primera parte del itinerario, común con las rutas 21 y 22, pasaremos por un excelente robledal que en otoño se transforma en una tupida masa de hojas teñidas de colores amarillos y ocres. El descenso a Soto del Real nos introduce hacia una zona de prados y fincas ganaderas. Aquí se encuentra la presa de los Palancares o del Mediano, lugar donde recalan numerosas cigüeñas en busca de alimento. Para regresar a Miraflores se plantean varias opciones ya que existen numerosos caminos a los que se suma el trazado de la Cañada Real Segoviana (ver ruta 19). En cualquiera de las alternativas que elijamos el paisaje tendrá una mayor componente humana que en la ida: carreteras, fincas y edificaciones de diversa índole.

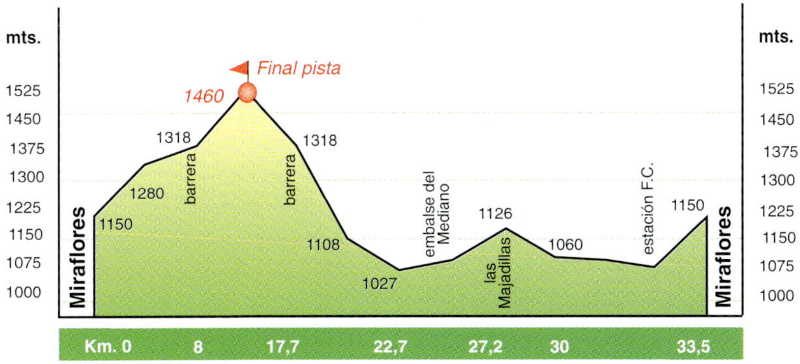

0,0 Miraflores de la Sierra (1150 m). Nos situamos en el cruce que se encuentra en la salida norte del pueblo. La opción de la izquierda se dirige a Rascafría a través de La Morcuera y la opción de la derecha sube a Canencia. Giramos a la izquierda y entramos en la carretera M-611 hacia La Morcuera.

0,47 Tomamos un desvío a la izquierda. La carretera al puerto sigue recto. Descendemos hacia el valle del río Miraflores.

1,46 Zona recreativa junto al río. Seguimos la pista asfaltada hacia la izquierda y pasamos junto a la fuente del Cura.

2,0 Seguimos recto por la pista principal. El pavimento pasa a ser de tierra. En los sucesivos desvíos tomaremos la opción de la derecha, ascendente y por la pista principal.

3,4 En este cruce y en el siguiente (a 400 metros) seguiremos por la pista que asciende a la derecha.

4,17 Cruzamos una valla (1280 m).

4,33 Hasta aquí hemos seguido un tramo común con las rutas 21 y 22. En esta ocasión tomaremos el desvío descendente a la izquierda. A la derecha queda la pista que sube hasta el Puerto de la Morcuera.

5,0 Finaliza la bajada.

7,7 Barrera de ganado (1318 m). Por el camino que sube a la derecha. Ascenso de cinco kilómetros. Éste es un tramo de ida y vuelta muy bonito por las vistas panorámicas que tiene.

12,7 Final de la pista (1460 m). Estamos al pie del Collado de la Ventana. Panorámica inigualable de la zona de Soto y del Cerro San Pedro.

Regresamos por el mismo camino, ahora tenemos cinco kilómetros de bajada.

17,7 De nuevo en la barrera de ganado del kilómetro 7,7 (1318 m). Esta vez no atravesamos la puerta. Giramos a la derecha para seguir bajando por el valle del arroyo Mediano. Estamos en la Hoya de San Blas, zona de transición geomorfológica entre los riscos de La Pedriza y la falda meridional del pico de La Najarra.

20,7 Puerta metálica, la cruzamos.

20,8 Otra valla aunque ahora de alambre de espino. También la cruzamos.

21,2 La pista gira a la izquierda para cruzar el río.

21,75 Valla de piedra (1108 m). Este es un punto importante de la ruta ya que desde aquí se desciende hacia la derecha siguiendo el cauce del arroyo Mediano. También se puede seguir hacia la izquierda para bordear el embalse del Mediano por su parte superior. En esta ocasión seguiremos recto y a la derecha.

21,95 Casa de labor rodeada por una cerca de piedra. Esta casa se encuentra en la orilla izquierda del arroyo. La rodeamos y seguimos descendiendo. A escasos metros un vado nos permite cruzar el arroyo y seguir la ruta por la orilla derecha donde encontraremos un camino más definido y también paralelo al cauce.

22,7 Vado y cruce de caminos (1027 m). De nuevo estamos en un enclave importante. Una pista ancha atraviesa el cauce del arroyo por un vado de hormigón: es el trazado de la Cañada Real Segoviana y del GR-10. (ruta 19). Por la derecha llegaríamos en apenas siete kilómetros a Manzanares el Real (ver *variante 1*). En esta ocasión nos decidimos por la opción contraria ya que hemos de regresar a Miraflores. Giramos a la izquierda, vadeamos el río (imposible con mucha corriente) y entramos en la pista muy bien marcada con señales del GR y de vía pecuaria.

23,5 Cruce de Soto del Real. Zona despejada de vegetación. A la izquierda, casi oculto, se encuentra el embalse de Los Palancares o del Mediano. Nuestra ruta sigue bordeando el dique del embalse. Para descender a Soto hay que seguir los caminos de la derecha (ver *variante 2*). Ascendemos levemente lo que nos permite ver el agua embalsada. Dejamos la presa a nuestra espalda y seguimos por la pista y el GR que de nuevo pasan a estar muy bien marcados y en dirección este.

24,7 Puerta y muro de piedra (1053 m). Abandonamos el períme-

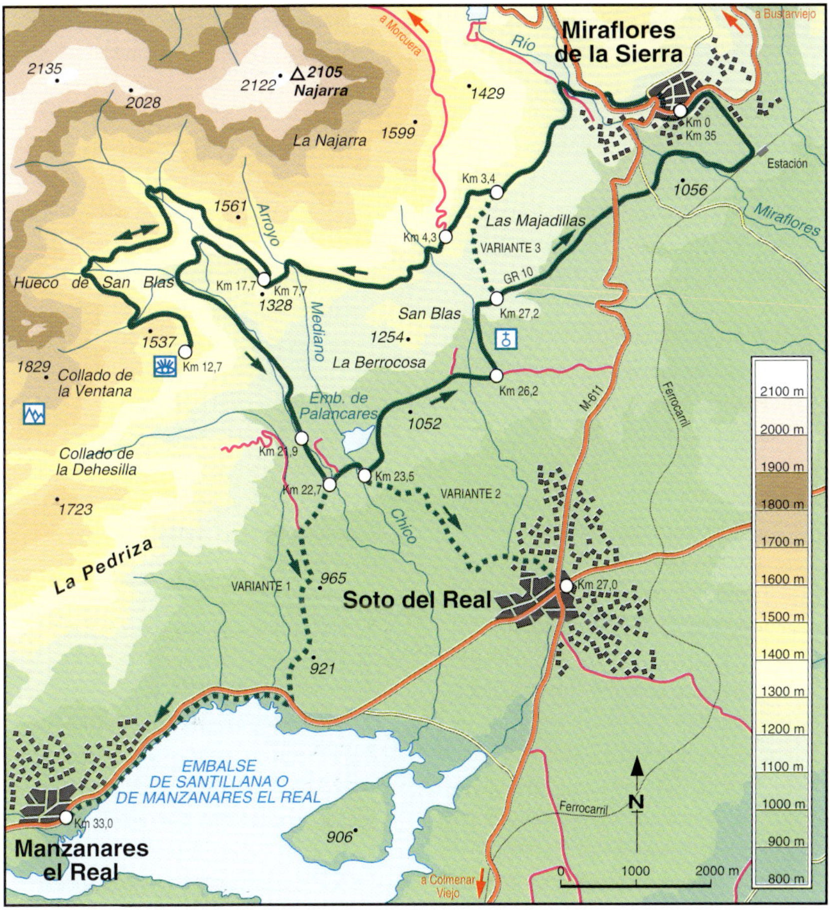

tro de la zona declarada como Parque Regional de la Cuenca Alta del Manzanares. Comienza un tramo con un paisaje muy bien definido: vallas de piedra, prados ganaderos, sotos y berrocales. Bordeamos por su ladera meridional el Cerro de la Berrocosa.

25,8 Finca vallada. Dos opciones (ver ruta 19 entre los km 33,9 y 35,0). La primera es bordear la finca por su flanco izquierdo a través de un sendero difícil pero divertido que discurre a lomos de una serie de piedras berroqueñas. Al ser un tramo en subida la dificultad aumenta. La segunda opción, bordea la finca a la derecha por una carretera de hormigón. Ésta es la alternativa más fácil, recomendable y que nosotros seguiremos en esta ocasión.

26,2 Cruce y giro a la izquierda. El perímetro de la finca (a nuestra izquierda) finaliza. En este cruce tendremos que afrontar una dura subida a la izquierda. Veremos en este tramo un picadero de caballos.

26,9 En este punto se incorpora a la izquierda la opción "pedregosa" que bordeaba la finca por el lado norte. Continúa la dura subida.

27,2 Collado de las Majadillas (1126 m). A la izquierda se encuentra una casa de piedra y a la derecha la Ermita de San Blas que da nombre a la zona. Aquí encontraremos un cruce importante ya que a la izquierda nace una pista que asciende por Las Majadillas y cuyo trazado sigue el sendero PR 12 . Esta alternativa nos serviría para enlazar de nuevo con la pista de ida a la altura del km 3,8 (ver *variante 3*). Nosotros seguiremos recto y por la pista principal que además adopta un perfil horizontal. Antes de seguir, no dejaremos de echar una vista atrás para disfrutar con la visión del perfil agreste de las agujas de la Pedriza.

29,33 Carretera M-611 Soto-Miraflores (1060 m). La cruzamos y seguimos recto por la pista que sigue el trazado de la Cañada Real Segoviana y del GR-10. En este tramo nos limitaremos a seguir el trazado de la Cañada Real que bordea Miraflores por su flanco sur.

29,9 Carretera M-626 Guadalix-Miraflores (1050 m). Cruzamos y seguimos recto. Desde aquí también se puede regresar a Miraflores. Seguimos por la Cañada Real hasta llegar junto a la estación ferroviaria de Miraflores.

32,2 Carretera de Miraflores a la estación de tren (1037 m). La estación está a nuestra derecha. Giramos a la izquierda, entramos en la carretera y ascendemos hasta Miraflores (ruta 20 en el km 28,6).

33,5 Miraflores de la Sierra (1150 m).

Variante 1

Descenso a Manzanares

22,7 Vado y cruce de caminos (1027 m). Giramos a la derecha (oeste) por la pista principal.

23,5 Piedra Caballera. Se trata de una curiosa formación de granito que se encuentra a la derecha del camino. Descendemos por la pista principal en dirección a la carretera de Manzanares.

26,0 Carretera M-608 Soto del Real-Miraflores. Atravesamos la carretera e inmediatamente tomamos un camino a la derecha, que corre paralelo a la carretera y a la propia orilla del

El perfil característico de La Pedriza desde la Hoya de San Blas

pantano de Santillana. No dejaremos este camino hasta Manzanares.

33,0 Manzanares El Real (900 m).

Variante 2

DESCENSO A SOTO

23,5 Cruce de Soto del Real. Estamos en los prados que se encuentra al pie del embalse de Los Palancares. Todas las pistas hacia la derecha (sur) bajan a Soto. Seguimos por la mas definida de todas.

26,0 Cruce con una gran cañada. Seguimos recto, las primeras casas de Soto están al otro lado de la cañada.

27,0 Soto del Real (923 m).

Variante 3

VUELTA A MIRAFLORES POR LAS MAJADILLAS

27,2 Collado de las Majadillas (1126 m). A la izquierda nace una pista que asciende por Las Majadillas y cuyo trazado sigue el sendero PR 12. Ascendemos por esta pista.

28,35 Cruce con la pista de la Najarra (1240 m). Es la misma pista del recorrido de ida (km 3,8). Giramos a la derecha hasta Miraflores.

32,15 Miraflores de la Sierra (1150 m).

Descendiendo desde Miraflores a Manzanares el Real

RUTA 24
LAS ZETAS DE LA PEDRIZA

LONGITUD: 39 kilómetros (29 kilómetros si no subimos a La Nava).
DESNIVEL ACUMULADO: 700 metros. Con la subida a La Nava 900 metros.
HORARIO: Cuatro horas. (Sin la subida a La Nava.)
DIFICULTAD: Alta. La subida hasta el Collado de los Pastores no es tan dura como puede parecer a priori. Con paciencia y plato pequeño no hay puerto que se resista. La subida a La Nava es sólo para ciclistas experimentados.
CARTOGRAFÍA: Hoja del S.C.R. nº 4, Hoja del S.G.E. a escala 1:50.000 nº 508. Mapa de La Pedriza a escala 1:15.000 editado por la Tienda Verde.
ACCESOS: Desde Manzanares hasta Canto Cochino por la carretera de acceso al Parque. Existe un proyecto de cerrar por completo el acceso al Parque para vehículos motorizados, esta circunstancia añadiría a la ruta un extra de cuatro kilómetros desde el actual acceso al Parque.
OBSERVACIONES: La Pedriza tiene el acceso limitado a un número concreto de vehículos al día, es conveniente por tanto madrugar ya que por el contrario tendríamos que comenzar el itinerario desde el acceso al parque. Recordar que no estáis solos en las pistas y menos en las de La Pedriza, los montañeros merecen todo nuestro respeto. El mejor sentido para la realización del circuito es el propuesto (siguiendo las agujas del reloj). En invierno suele haber nieve.

El Parque Natural de la Cuenca Alta del Manzanares, donde está incluida La Pedriza del Manzanares, es uno de los parajes más bellos de la Comunidad de Madrid. Esta zona no fue recorrida y explorada hasta bien avanzado el siglo XX. Con anterioridad a esa época, sus montañas fueron utilizadas incluso como refugio por bandoleros. En la actualidad, sus riscos de granito son mudos testigos de la afluencia de miles de personas atraídas por la belleza de su paisaje. Las posibilidades de La Pedriza para el ciclismo de montaña son muy limitadas, tanto por la angostura de sus senderos como por la presencia de montañeros, además al ser un Parque Natural está sujeto a reglamentación especial para las prácticas deportivas. Por este motivo desaconsejamos usar la bici fuera del recorrido aquí propuesto, que por otro lado es el más agradable y adecuado para disfrutar de la bicicleta de montaña. Alcanzaremos, gracias a la pista conocida como "zetas" una de las mayores alturas ciclables de toda la Comunidad de Madrid.

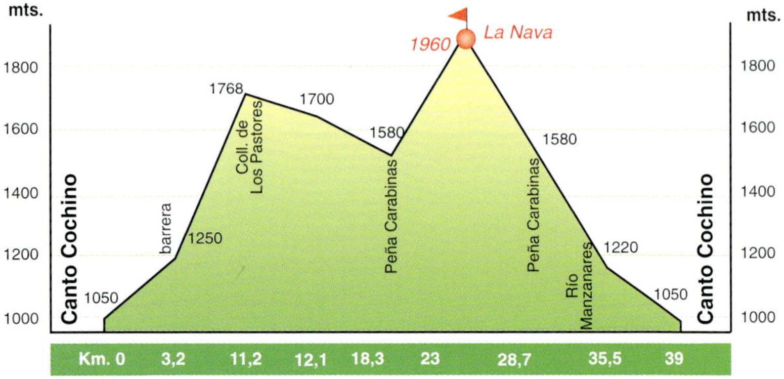

0,0 Canto Cochino, Aparcamiento (1050 m). Aquí dejaremos los coches salvo que el acceso se haya restringido a este punto. Salimos a la carretera y la tomamos a la derecha.

0,38 Bifurcación. Tomamos la carretera que asciende a la izquierda bajo un denso pinar de repoblación

1,94 Fuente a la izquierda.

3,22 Explanada (1250 m). La carretera traza una gran curva a la izquierda A la derecha es visible una barrera y el comienzo de la pista de tierra que tomaremos para subir al Collado de los Pastores. Éste es el comienzo de la llamada "pista de las zetas" conocida así por las amplias curvas que traza en su ascenso al collado de los Pastores.

5,56 Fuente del Pistón. Merece la pena detenerse a contemplar el laborioso trabajo que se ha realizado para contener la erosión en la empinada ladera.

11,25 Collado de los Pastores (1768 m). Magnífica panorámica sobre el Valle del Manzanares. Si el día es claro veréis Madrid en el horizonte y a vuestra espalda Cabezas de Hierro, la Bola del Mundo y La Maliciosa. Unos paneles informativos ayudan a identificar las principales cimas. Tras un corto descenso llegamos al río Manzanares.

12,1 Puente de los Manchegos sobre el río Manzanares (1700 m).

18,36 Peña Carabinas (1580 m). A la izquierda parte la pista que asciende a la Nava. Si no estáis en muy buena forma podéis renunciar a esta subida.

23,0 La Nava (1960 m). Es el punto

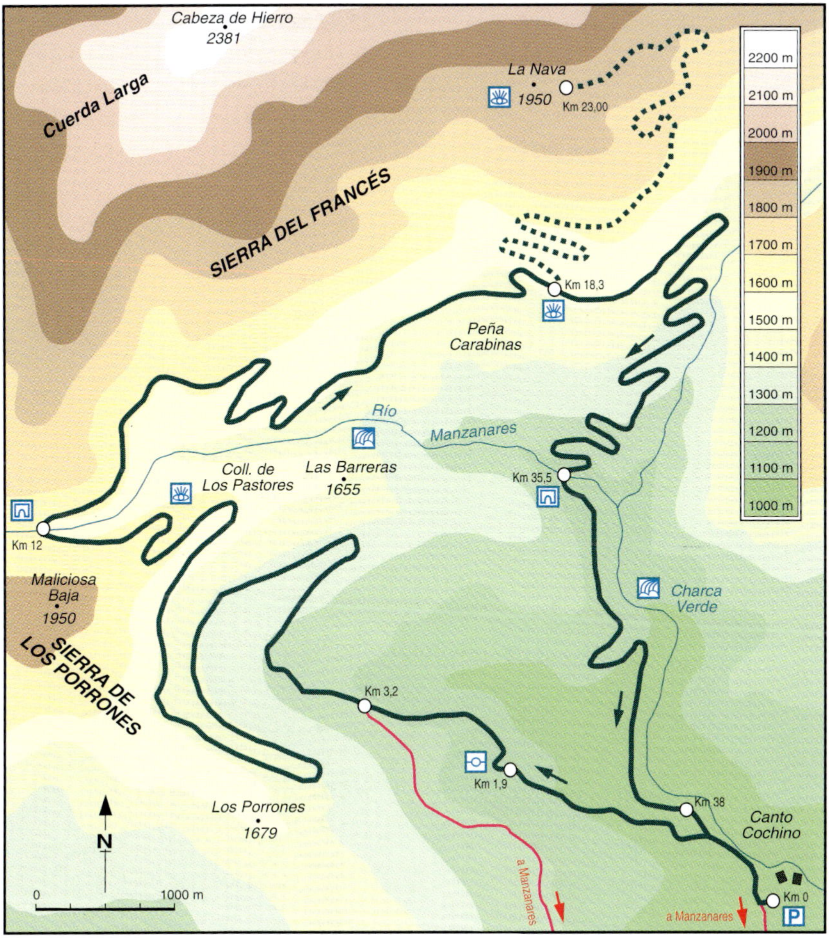

más alto del recorrido. De aquí es fácil acceder a Cuerda Larga, eso sí, con la bici al hombro.

28,7 Llegamos de nuevo a Peña Carabinas (1580 m). Seguimos a la izquierda. Comienza un espectacular descenso con abundancia de virajes. La velocidad no debería impedirnos disfrutar de la vista que se nos abre a la izquierda con las habituales agujas de granito de La Pedriza.

35,5 Nuevo puente sobre el Manzanares (1220 m). Finaliza la bajada.

37,07 Comienza el asfalto.

37,67 A la izquierda se baja a Charca Verde.

38,33 Barrera. Mucha precaución con los coches.

39,0 Canto Cochino (1050 m). Sin la subida a la Nava habrán sido 29 kilómetros de ruta. Si no habéis podido acceder aquí en coche aún os quedará un tramo de cuatro kilómetros.

Una de las más altas cotas de la ruta: el Collado de Los Pastores

El mirador del Collado de los Pastores

SECTOR CENTRAL DE GUADARRAMA, ABANTOS Y SIERRA DE MALAGÓN

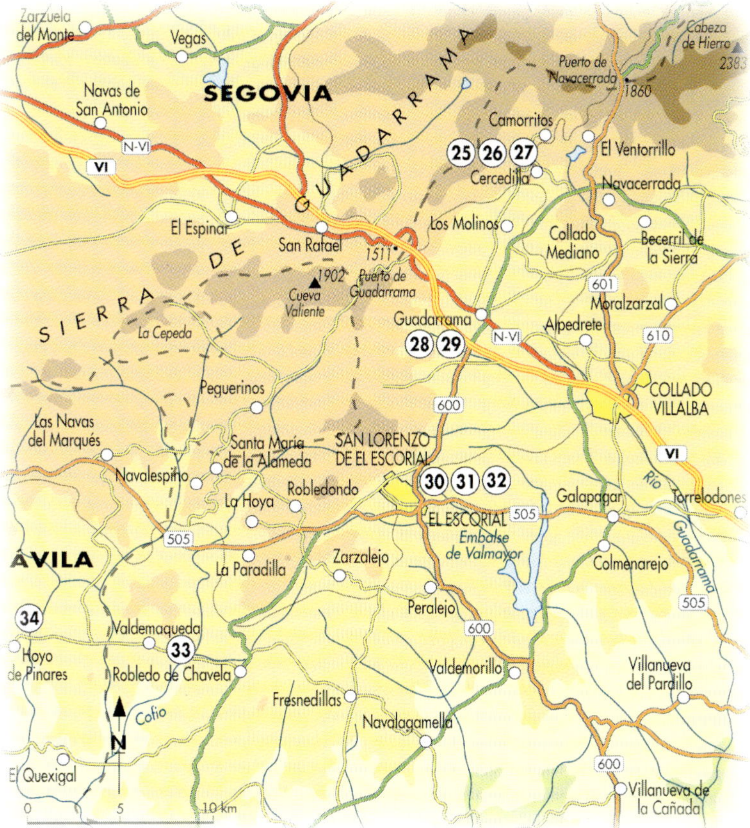

RUTA 25

LA RUTA DE LOS TRES VALLES

Longitud: 46 kilómetros.
Desnivel acumulado: 1.125 metros.
Horario: Entre cuatro y cinco horas.
Dificultad: Muy alta. A excepción de los últimos metros de subida a Cotos y del descenso desde Navacerrada a Cercedilla, no existen tramos excesivamente técnicos. Por el contrario, es una ruta de enorme desgaste físico que incluye dos ascensos muy duros como Fuenfría y Cotos.
Cartografía: Hojas del S.C.R. nº 3 y 4 a escala 1:50.000. Hoja nº 508 del Servicio Geográfico del Ejército (S.G.E) a escala 1:50.000. Mapa "Sierra de Guadarrama" a escala 1:50.000 editado por la Tienda Verde.
Accesos: Hasta Cercedilla en automóvil por la autovía N-VI. También se puede ir en ferrocarril de Cercanías de RENFE (línea C-8). El lugar más recomendable para comenzar la excursión es la propia estación de tren.
Observaciones: Una vez más, Cercedilla es el punto de origen y destino de una ruta en el corazón de Guadarrama. El ascenso a Fuenfría es común con las rutas nº 27 y nº 28. Si a lo largo del itinerario os surgen problemas técnicos o desgaste físico, podéis regresar desde Cotos y Navacerrada a Cercedilla en la línea C-9 de Cercanías.

Los valles de la Fuenfría, Valsaín y Navalmedio nos sorprenderán por su belleza natural y por un denominador común en toda la Sierra de Guadarrama: las abundantes manchas de pinar y su excelente estado de conservación. Desde Cercedilla ascenderemos, al igual que en otros itinerarios, por el majestuoso Valle de la Fuenfría utilizando el inteligente trazado de la "carretera de la República". Desde la Fuenfría ya en la vertiente segoviana, descenderemos hasta el cauce del río Eresma bajo las frondas del pinar de Valsaín. El ascenso a Cotos por el Camino Viejo del Paular se antojará muy dificultoso a los menos acostumbrados a lidiar con rampas prolongadas. Alcanzado Cotos nos quedará la mejor recompensa: disfrutar del resto del itinerario, muy fácil y con perfil descendente. Seguimos la carretera hasta Navacerrada y desde aquí, descenso desbocado hasta Cercedilla por el Valle de Navalmedio.

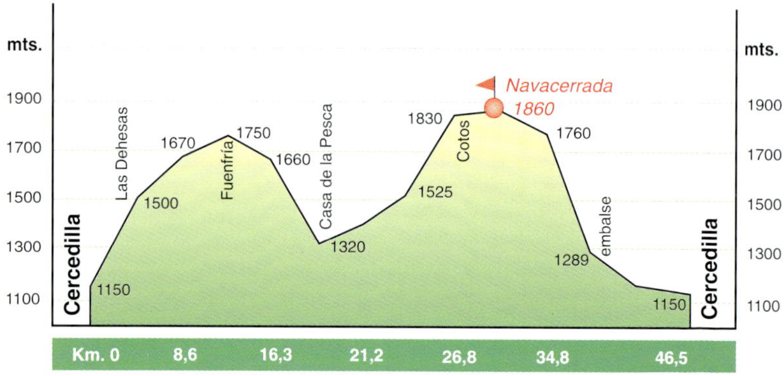

0,0 Aparcamiento de la estación de tren en Cercedilla (1150 m). Subimos por carretera en dirección al Valle de la Fuenfría, en concreto hacia las Dehesas (tramo común con las rutas 26 y 27).

5,45 Las Dehesas (1500 m). Finaliza la carretera y cruzamos la barrera que da paso a la pista del Puerto de la Fuenfría.

8,65 Mirador Vicente Aleixandre (1670 m). Gran panorámica de la ladera sur de Guadarrama.

11,9 Mirador de la Reina. Excelentes vistas sobre el Valle de las Dehesas.

12,95 Puerto de la Fuenfría (1750 m). Descendemos de frente (norte) por la vertiente segoviana del puerto. La pista discurre al pie de Cerro Minguete y Montón de Trigo (izquierda), mientras que a la derecha se abre el valle de Valsaín por donde discurre, recién nacido, el río Eresma.

16,39 Cruce importante (1660 m). Dejamos la pista principal y tomamos una bonita carretera que parte a nuestra derecha y hacia atrás . Aunque cerrada al tráfico, en esta pista hay que tener precaución con los vehículos de las explotaciones forestales. (En este punto la ruta 27 continúa recto.)

19,44 Casa de la Pesca (1320 m). Bonito lugar pese a su lamentable abandono.

20,64 Pasamos la barrera y alcanzamos la carretera N-601 de Navacerrada a Segovia. Este paraje, donde se alza el Puente de la Cantina sobre el río Eresma forma parte de la trama del libro de Ernest Hemingway *¿Por quién doblan las campanas?* Accedemos a la carretera dirección a

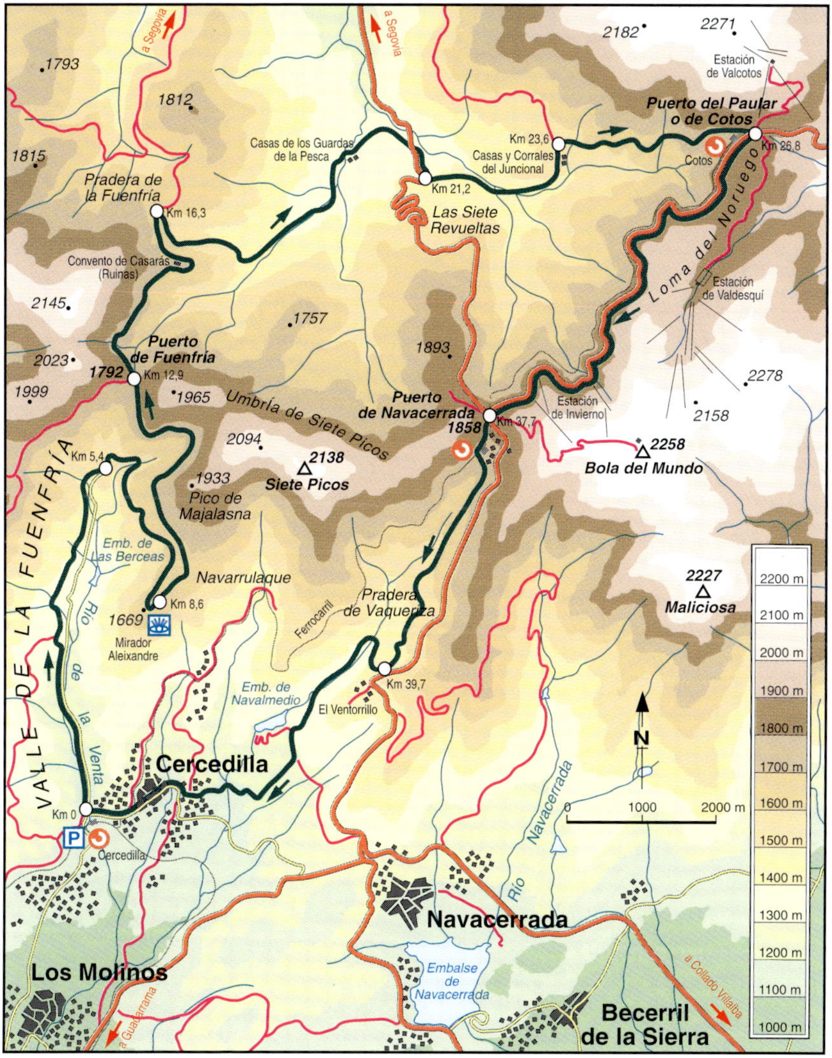

Navacerrada (derecha) y ascendemos hasta la primera de las célebres siete revueltas. Precaución con los coches.

21,24 Primera revuelta de la N-601 (1400 m). Dejamos la carretera ya que aparece una pista con una barrera que se encuentra a la izquierda de la calzada. Precaución al cruzar la N-601.

22,55 Siempre por la pista principal, no tomar los desvíos a la derecha. Una buena referencia son las marcas rojas y blancas del GR.10-1 común en este tramo a nuestra ruta. Esta pista está asfaltada y recorre un magnífico pinar.

23,67 Cruce importante (1525 m). Dejamos la pista principal, que continúa hasta La Granja y tomamos un camino de tierra a la derecha. Entramos en el Camino Viejo del Paular. Casi sin darnos cuenta, comienza un fuerte ascenso que conduce al Puerto de Cotos.

26,0 La pista se endurece por momentos. Las enormes raíces de los árboles y los arroyuelos no contribuyen a mejorar las ya de por sí malas condiciones del ascenso.

26,84 Puerto de Cotos (1830 m). Excelente lugar para descansar y reponer fuerzas. Un buen lugar para ello es Venta Marcelino, establecimiento tradicional del puerto. La carretera hasta Navacerrada, de escaso desnivel, ayuda también en el proceso de recuperación física. Hasta Navacerrada, tendremos la oportunidad de contemplar a la derecha (norte) el majestuoso Valle de Valsaín por cuyo fondo acabamos de transitar.

33,7 Puerto de Navacerrada (1860 m). A la izquierda en dirección a Madrid, inmediatamente entramos en el aparcamiento de la Venta Arias, situado a la derecha de la carretera. Desde aquí descendemos a la estación de tren de Navacerrada.

34,84 Estación de tren de Navacerrada (1760 m). La pista de bajada a Cercedilla por el valle de Navalmedio nace entre Casa Ochoa y la Capilla de Nuestra Señora de las Nieves. Cruzamos la barrera y dejamos a la derecha una depuradora. Se inicia un rápido descenso en el que pasaremos sobre numerosas tapaderas de una conducción de agua, por lo que tendremos que extremar la precaución.

39,71 Cruce importante. Tenemos que girar por la pista que aparece bruscamente a la derecha. Recto, llegaríamos hasta El Ventorrillo.

40,14 Pista a la izquierda, sigue el descenso.

40,5 Cruzamos el cauce del Arroyo del Regajo del Puerto o de Navalmedio. A la izquierda hay un campamento juvenil.

41,69 Cruce. Por un camino mas pequeño primero de frente y despues a la derecha.

42,43 Embalse de Navalmedio (1289 m). Por carretera hacia la izquierda. Recorridos unos trescientros metros y antes de cruzar una

Una ruta no apta para el invierno... pero merece la pena intentarlo

puerta aparece una pista a la derecha que nos conduce a Cercedilla. El desnivel a salvar es aún considerable.

43,31 Sinuoso descenso a través de una zona de chalets. Iremos siempre por la pista descendente.

44,5 Pabellón Polideportivo de Cercedilla (1150 m).

44,8 Cruce. Giramos a la derecha y atravesamos el centro urbano de Cercedilla hasta llegar a la estación.

46,5 Estación de Cercedilla (1130 m).

El descenso final hasta Cercedilla es largo y muy rápido

RUTA 26
LOS PUERTOS ENTRE MADRID Y SEGOVIA

LONGITUD: 42 kilómetros.
DESNIVEL ACUMULADO: 850 metros.
HORARIO: Entre cuatro y cinco horas.
DIFICULTAD: Media. Desde el punto de vista técnico es una ruta fácil, a excepción del descenso desde el collado de Marichiva. Sin embargo es una ruta agotadora debido al kilometraje y al esfuerzo realizado para subir a la Fuenfría y Los Leones.
CARTOGRAFÍA: Hoja del S.C.R. a escala 1:50.000 nº 3 y nº 4. Hoja del S.G.E. a escala 1:50.000 nº 508. Mapa "Sierra de Guadarrama" editado por la Tienda Verde.
OBSERVACIONES: Ruta ideal para primavera y verano cuando hay más horas de luz solar. Es importante asegurarse de que la climatología sea benigna. Hay que tener precaución el tramo que se realiza siguiendo la N-VI. Si por alguna razón tenéis problemas, podéis volver a Cercedilla en tren desde la estación de El Espinar.

Clásico itinerario que recorre algunos de los mejores paisajes de la Sierra de Guadarrama. La pista del Puerto de la Fuenfría fue construida en tiempos de la Segunda República como alternativa al Puerto de Navacerrada. La guerra civil paralizó el proyecto ya que la zona se encontraba en pleno frente de guerra. Afortunadamente la pista nunca llegó a abrirse al tráfico. En realidad, la idea de rebasar la sierra a través de este valle ya fue acuñada por los romanos que trazaron la famosa calzada a Segovia atravesando La Fuenfría. Desde el Collado de Marichiva accederemos a otra de las grandes unidades de paisaje de la jornada: el frondoso Valle de El Espinar. Para retornar a la vertiente madrileña tendremos que afrontar un corto tramo por el trazado de la N-VI en el Alto del León o Puerto de Guadarrama. El tramo descendente hasta Cercedilla nos deparará unas amplias panorámicas de la ladera meridional del Pico de la Peñota y Los Molinos.

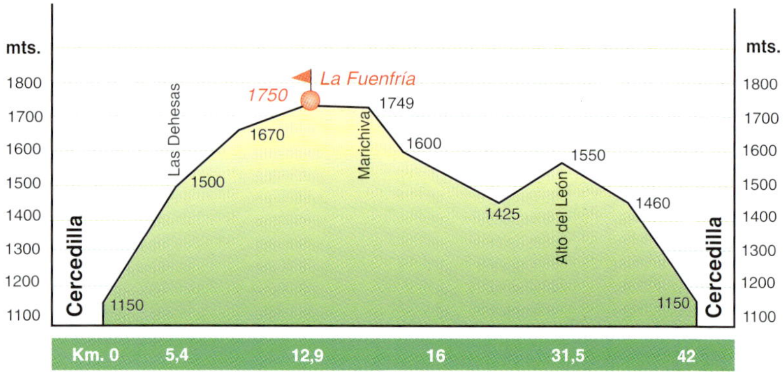

0,0 Estación de tren en Cercedilla (1150 m). Subimos por carretera en dirección hacia las Dehesas. En apenas 700 metros encontramos una fuente a la derecha de la carretera.

2,35 Desvío hacia la izquierda. Seguimos subiendo.

2,9 La carretera gira a la izquierda. Avanzamos de frente, siempre hacia arriba.

5,45 Las Dehesas (1500 m). Finaliza la carretera, cruzamos la barrera e iniciamos el ascenso por la pista que nos llevará al Puerto de la Fuenfría.

8,65 Mirador Vicente Aleixandre (1670 m). La pista cambia bruscamente de sentido en una curva a la izquierda. Merece la pena detenerse para contemplar la panorámica de la Sierra de Guadarrama. A la izquierda (norte) aparecen los Siete Picos y al oeste el Collado de Marichiva.

11,8 Fuente Antón R. Velasco y Mirador de la Reina. Se trata de la entalladura que hace la carretera de la República para salvar un tramo rocoso.

12,95 Puerto de la Fuenfría (1750 m). Tomamos la pista que sale a la izquierda. De frente descenderíamos a Segovia (ruta 27). La pista a la que accedemos discurre sobre el antiguo trazado de la Senda del Infante.

15,25 Collado Marichiva (1749 m). La pista principal hace una curva a la izquierda, pero nosotros la abandonamos, saltando la valla de piedra que hay a nuestra derecha. Al otro lado de la tapia se encuentra la provincia de Segovia. Aparece un camino en pésimas condiciones que

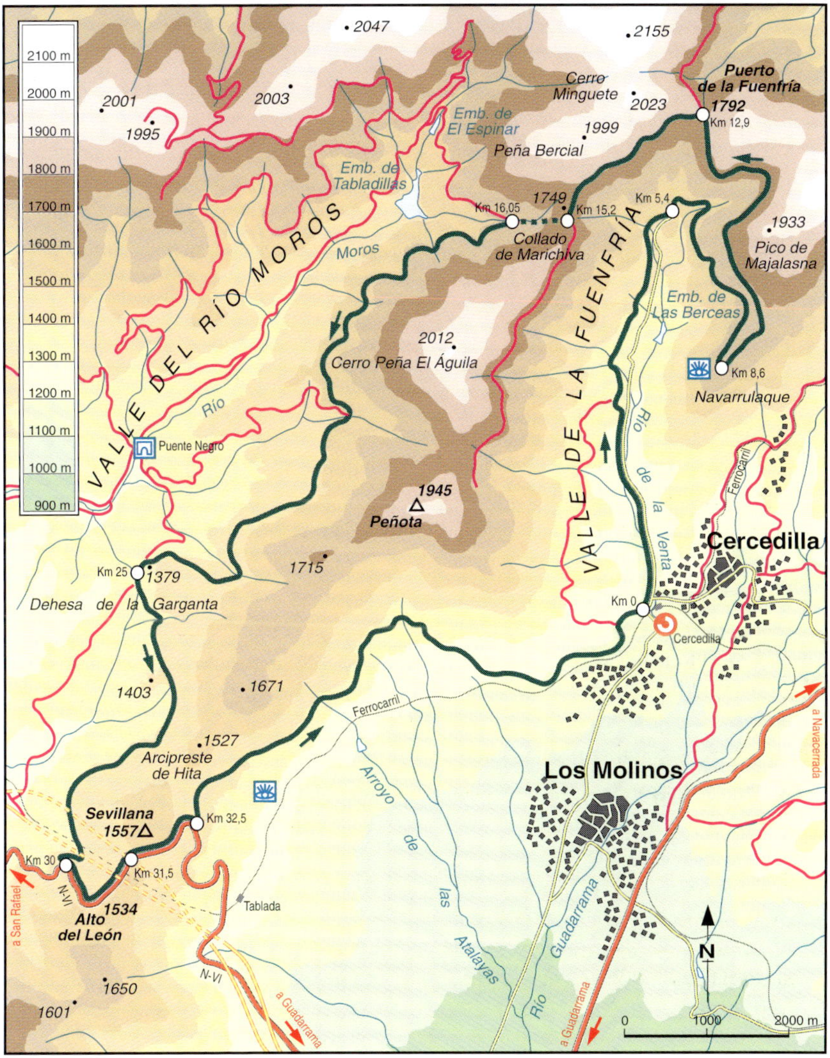

salva un importante desnivel bajo un denso pinar. La primera bifurcación que encontramos no es importante; la de la izquierda es un atajo y ambas salen al mismo sitio. Este tramo se puede bajar sobre la bici pero no es fácil conseguirlo. La pista continúa en estas condiciones tan extremas durante aproximadamente 800 metros.

16,05 Finaliza el descenso (1600 m). Hemos alcanzado una pista ancha que cogeremos a la izquierda. A la derecha nos conduciría a lo largo del valle del río Moros hacia la estación de El Espinar.

20,55 Acaba la pista y empieza la carretera. Mucho cuidado con los coches. Cruzamos el puente y a seguir bajando.

24,75 Atención. En una curva muy cerrada a la derecha encontraremos a la izquierda una puerta metálica que franquearemos por el lado izquierdo.

24,96 Desvío a la izquierda.

29,7 Saltamos la valla

30,0 Carretera N-VI (1425 m). Giramos a la izquierda. Las primeras rampas de la carretera son duras pero la culminación del Puerto está cercana. Precaución con los coches.

31,5 Alto del León (1550 m). Empezamos el descenso por la vertiente sur. ¡Atención! El desvío está a poco más de un kilómetro rebasado el puerto. Desde el Alto del León se puede enlazar con la ruta nº 29.

32,54 La N-VI describe una amplia curva a la derecha (1460 m). Del lado izquierdo de la carretera parte una pista junto a una especie de hito formado por grandes piedras. Entramos en la pista y la seguimos sin tomar ninguna opción alternativa. Comienza un largo descenso.

39,76 Giramos a la izquierda sin llegar a cruzar la vía del tren.

39,94 Al principio la pista sube, pero enseguida cogemos un desvío a la derecha.

40,58 Nos cruzamos con una carretera asfaltada que tomamos a la izquierda, el asfalto acaba rápidamente. Siguiendo siempre por la vía principal bajaremos a la carretera de los Molinos a Cercedilla.

41,66 Llegamos a la carretera. Vamos a la izquierda.

42,0 Estación de Cercedilla (1150 m).

El valle del río Moros y sus excelentes pistas forestales

RUTA 27

TRAS LAS HUELLAS DE LA VIEJA CALZADA ROMANA

LONGITUD: 36 kilómetros.

DESNIVEL ACUMULADO: 650 metros.

HORARIO: Entre cuatro y cinco horas.

DIFICULTAD: Media. La subida a Fuenfría no es demasiado dura pero sin embargo el largo descenso hasta Segovia puede antojarse pesado a los que estén poco acostumbrados a este tipo de terrenos. En bicicleta un largo descenso a veces es tan cansado como un ascenso.

CARTOGRAFÍA: Hoja del S.C.R. nº 3 y 4 a escala 1:50.000. Hoja 508 y 483 del S.G.E. a escala 1:50.000. Mapa "Sierra de Guadarrama" a escala 1:50.000 editado por la Tienda Verde.

ACCESOS: Hasta Cercedilla por la autovía N-VI. Es muy recomendable la comunicación a través de la línea C-8b de Cercanías de RENFE. La ruta comienza en la propia estación de tren. El retorno desde Segovia a Cercedilla se puede realizar también en ferrocarril.

OBSERVACIONES: El ascenso a La Fuenfría es común con todas las rutas planteadas desde Cercedilla. Las flechas amarillas que señalan el Camino de Santiago sirven de referencia a partir de La Fuenfría. Despues de la ruta recomendamos un "homenaje" gastronómico en Segovia y un tranquilo regreso en ferrocarril hasta Cercedilla.

Travesía de alta montaña que rememora el trayecto de la calzada romana entre Cercedilla y Segovia si bien para ascender a La Fuenfría se utilizará la "carretera de la República" cuyo trazado es mucho más fácil de ascender que el de la propia calzada. Alcanzada la cima de La Fuenfría, el resto del trayecto será de bajada y casi sin parar hasta los pies del Acueducto. Disfrutaremos de una notable variedad de paisajes con predominio del pinar y los prados de montaña. Un nuevo aliciente aporta interés a esta ruta: los más observadores no tardarán en percibir la presencia de flechas amarillas señalizando el camino. El enigma tiene fácil respuesta: se trata de las señales que marcan el Camino de Santiago desde Madrid. Ésta es una ruta recientemente señalizada y que permite realizar el peregrinaje andando o en bici desde la capital a Compostela.

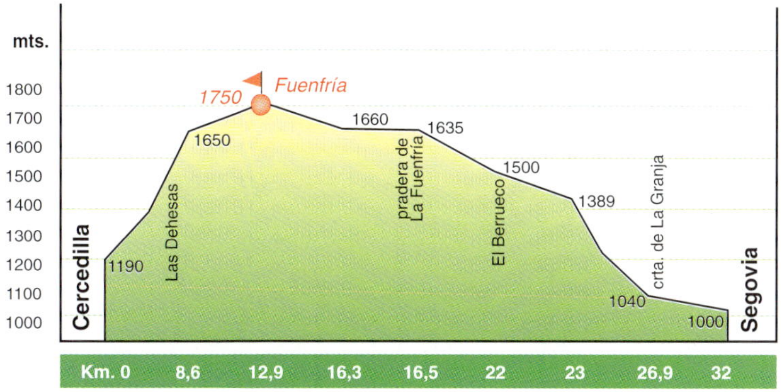

0,0 Estación de tren en Cercedilla (1190 m). Subimos por carretera en dirección al valle de la Fuenfría, en concreto hacia las Dehesas. (tramo común con las rutas 25 y 26.)

5,45 Aparcamiento de las Dehesas. Finaliza la carretera y cruzamos la barrera que da paso a la pista del Puerto de la Fuenfría.

8,65 Mirador Vicente Aleixandre (1650 m). Gran panorámica de la ladera sur de Guadarrama

11,9 Mirador de la Reina. Excelentes vistas sobre el Valle de las Dehesas.

12,95 Puerto de la Fuenfría (1750 m). Descendemos de frente (norte) por la vertiente segoviana del Puerto. La ruta 26 gira aquí hacia la izquierda. La pista discurre al pie de Cerro Minguete y Montón de Trigo (izquierda) mientras que a la derecha se abre el valle de Valsaín por donde discurre, recién nacido, el río Eresma.

16,39 Cruce importante (1660 m). La pista de tierra enlaza con una carretera de asfalto. Esta carretera hacia la derecha nos bajaría a la Casa de la Pesca, tal y como se describe en la ruta nº 25. Nosotros seguimos recto.

16,5 Pradera de La Fuenfría o de La Venta (1635 m). Estamos al pie del Pico de La Camorca. Rodearemos esta elevación montañosa por su ladera oeste (flanco izquierdo en el sentido de la marcha). Seguimos unos 700 metros por la carretera hasta un cruce.

17,1 La carretera gira a la izquierda y desciende ostensiblemente. A la derecha aparece un ancho camino ligeramente ascendente que sigue el

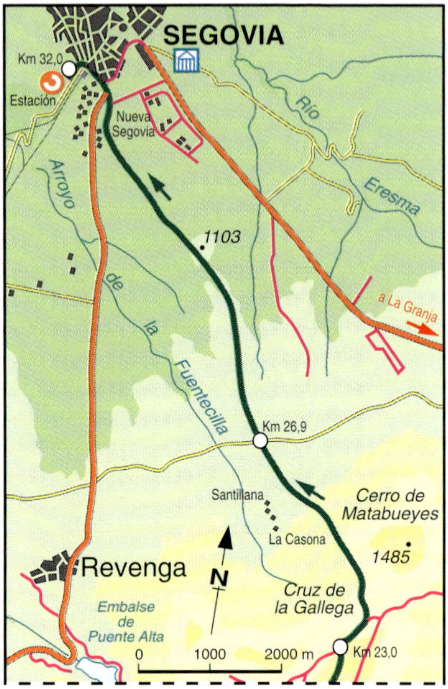

trazado de la calzada romana. En función de nuestro estado de forma podemos utilizar carretera (opción fácil) o la propia calzada ya que ambas coinciden unos kilómetros adelante. A nuestra izquierda se abre majestuoso el valle de la Acebeda o de Río Frío.

22,0 Pradera de Peñas Lisas o del Berrueco (1500 m). Punto de confluencia entre el trazado de la carretera y el de la Calzada Romana. La calzada cruza sobre la carretera y continúa por una pradera a la izquierda. Al fondo podemos ver como se interna en un pinar. La calzada mantiene su milenario trazado pegado a la linde del pinar y des-

El aspecto invernal del mirador Vicente Aleixandre

cendiendo por la ladera de la derecha. A la izquierda se abre desnudo de árboles el llano del Berrueco donde se encuentra un enorme comedero para buitres. Ante la duda dejaros llevar por las flechas amarillas. Segovia y su catedral aparecen al fondo.

23,0 Cruce con la carretera de Valsaín (1389 m). Desde aquí hemos de buscar de nuevo el trazado de la calzada. La mejor manera será continuar unos 900 metros por carretera hacia la derecha (noreste) y en dirección a Valsaín. Antes de llegar a la Cruz de la Gallega veremos a la izquierda de la calzada una explotación ganadera delimitada por una valla. Antes de llegar a esta y hacia la izquierda veremos de nuevo el camino señalizado por las flechas amarillas. Se trata de un divertido descenso por un sendero técnico plagado de saltos, vaguadas y alguna que otra piedra. Podemos dejarnos llevar por las trazadas de las numerosas bicis que pasan por aquí. El paisaje ha cambiado drásticamente, desaparece el pinar y aparecen prados y manchas de encinas y quejigos. Por cierto, esta dehesa es una antiguo terreno de maniobras militares. Antes de llegar de nuevo a una carretera veremos a la izquierda los restos del viejo Caserío de Santillana, un rancho de esquileo de ovejas ubicado en el cruce de la calzada con la Cañada Soriana Occidental.

26,9 Carretera de La Granja o del Campamento de Robledo (1040 m). Al lado contrario de la carretera aparece un amplio y transitado camino que conduce a Segovia. Se trata de nuevo del trazado de la calzada romana. El paisaje a partir de aquí se encuentra plenamente humanizado: vallas de piedra, prados, naves ganaderas e incluso alguna industria. Despues de varios cambios de rasante aparece de nuevo la torre de la catedral de Segovia como norte y guía de este final de ruta.

32,0 Segovia (1000 m). Entramos en la ciudad por el Polígono El Cerro y junto a un viejo cuartel militar. La estación de tren se encuentra un poco más adelante y a la izquierda. Recto, en apenas un kilómetro, se encuentra el Acueducto.

RUTA 28

LA JAROSA: UN TRANQUILO RINCÓN DE GUADARRAMA

LONGITUD: 20,3 kilómetros.
DESNIVEL ACUMULADO: 500 metros.
HORARIO: Tres horas.
DIFICULTAD: Media. El circuito que discurre siempre por la pista principal y en el sentido propuesto carece de dificultad técnica pero los enormes desniveles a salvar pueden ser un reto.
CARTOGRAFÍA: Hojas del S.C.R. nº 3 y nº 6 a escala 1:50.000. Hojas nº 508 y nº 533 del S.G.E., escala 1:50.000. Mapa de "la Sierra de Guadarrama" a escala 1:50.000, de La Tienda Verde.
ACCESOS: Hay dos opciones para comenzar la ruta. La primera consiste en empezar desde el propio pueblo de Guadarrama. La segunda es la de acceder en automóvil hasta el aparcamiento que hay junto al embalse. Las estaciones de Cercanías más próximas son las de Collado Mediano y Los Molinos, ambas a cinco kilómetros de Guadarrama y de la línea C-8b.
OBSERVACIONES: Desde el Alto del León es posible dirigirse por pista hacia Cercedilla por La Peñota (ver ruta nº 26). Después del esfuerzo, junto al embalse de La Jarosa podemos obtener recompensa a nuestros pedaleos con un merecido descanso bajo los frondosos pinares o en la terraza del mesón el Cordobés, todo un lujo gastronómico a pie de ruta.

A un paso de las zonas más populosas de la Sierra de Guadarrama se encuentra este pequeño valle que aún conserva rincones de solitaria belleza. Esta zona es atractiva por numerosas razones y desde el punto de vista cicloturista se pueden compaginar y enlazar fácilmente diversos itinerarios debido a numerosas pistas, senderos y a la posible combinación de los distintos sentidos de marcha. Vosotros tenéis la última palabra a la hora de proyectar vuestra ruta. Desde las faldas de Cabeza Lijar se disfruta de excelentes vistas. En las proximidades de esta ruta se halla el monasterio de El Escorial y el Valle de los Caídos. El Alto del León y la zona de cumbres aledañas aún dejan adivinar entre sus riscos las fortificaciones de la guerra civil, que tuvo en estas cumbres uno de los frentes más activos en los primeros meses de la contienda.

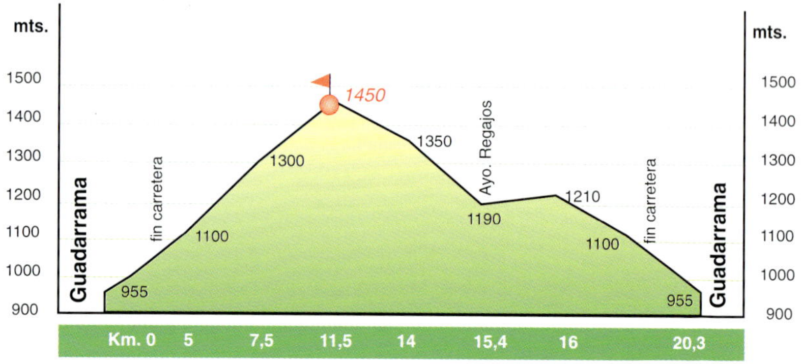

0,0 Guadarrama (955 m). Desde el aparcamiento situado a espaldas de la plaza de toros se toma la carretera hacia el pantano de La Jarosa. Las primeras rampas nos conducen bajo el viaducto de la autopista de peaje A-6. Superados los desniveles iniciales se llega a la altura de la presa donde la carretera gira a la derecha. Sin abandonar todavía el asfalto seguiremos rodeando el pantano que poco a poco quedará a nuestra izquierda. Un vallado impide el acceso de ganado a la orilla del embalse.

5,0 Final de la carretera (1100 m). Explanada y zona recreativa donde se levanta un merendero llamado "Mesón el Cordobés". Se deja éste a la derecha para encarar una ancha pista forestal que pronto nos obsequiará con una serie de durísimas rampas. Rebasada una barrera, haremos caso omiso a todos los caminos que surgen a izquierda y derecha. Pasada una curva comienza la peor rampa de la ruta.

7,5 Cruce y curva a la derecha (1300 m). A la izquierda parte un camino que se dirige a la tapia del Valle de Cuelgamuros donde se levanta la Cruz de los Caídos. Merece la pena asomarse a este camino para ver la inmensa cruz. La pista continúa ascendiendo si bien las rampas no son tan duras como en el tramo anterior. Sobre nuestras cabezas los frondosos pinos nos darán sombra en verano. Se suceden tramos de cortas rampas y falsos llanos. Unas grandes peñas a nuestra derecha nos invitan a una parada para contemplar el paisaje.

11,5 Cota máxima de la ruta (1450 m). Alcanzamos la culminación topográfica de la ruta. A la derecha entre una zona de prados podemos ver sumido en la profundidad

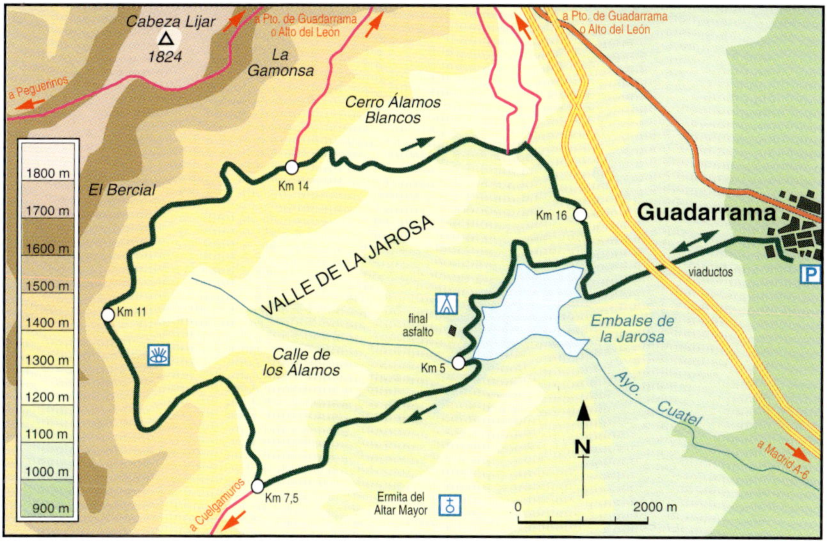

del valle el pantano de La Jarosa. La última vez que realizamos esta ruta era un frío día de invierno y en estos prados unos cazadores se calentaban en torno a unas migas camperas.

13,8 Cruce (1350 m). Por la izquierda atravesando el Cerro de los Álamos Blancos baja una pista desde el Alto del León o Puerto de Guadarrama, por aquí descenderemos en otras rutas. Seguimos por la principal.

15,4 Arroyo de Los Regajos o de la Jarosa (1190 m). Ascendemos un corto repecho hasta un portalón de piedra y un collado (kilómetro 15,6).

15,65 Cruce (1210 m). A la izquierda una pista parte hacia el Puerto de Guadarrama, por este camino ascenderemos en próximos itinerarios, como en la ruta 29. Seguimos recto hacia el dique de la presa.

17,3 Barrera (1100 m). En escasos metros llegamos al cruce del dique. Regresamos a Guadarrama por la carretera del ascenso.

20,3 Guadarrama (955 m).

RUTA 29

LAS LADERAS DE CABEZA LIJAR: UNA RUTA CON RECOMPENSA

LONGITUD: 24,5 kilómetros.
DESNIVEL ACUMULADO: 500 metros.
HORARIO: Entre tres y cuatro horas.
DIFICULTAD: Muy alta. El circuito principal carece de dificultad técnica pero los grandes desniveles hasta llegar a la carretera de Cabeza Líjar son un considerable reto físico para los menos preparados. En invierno puede haber nieve en la parte alta.
CARTOGRAFÍA: Hojas del S.C.R. nº 3 y nº 6 a escala 1:50.000. Hojas 508 y 533 del S.G.E. a escala 1:50.000. Mapa de la Sierra de Guadarrama a escala 1:50.000 de la Tienda Verde.
ACCESOS: Comenzamos la ruta en Guadarrama dejando el coche en el aparcamiento a la Plaza de Toros. Las estaciones de Cercanías más próximas son las de Collado Mediano y Los Molinos, ambas a cinco kilómetros de distancia de Guadarrama.
OBSERVACIONES: Desde la pista asfaltada de Cabeza Líjar (kilómetro 7,8) podemos conectar con el Puerto de los Leones y seguir por la ruta 26 hasta Cercedilla.

Segundo itinerario de los propuestos en el Valle de La Jarosa. En esta ocasión, gracias al trazado de una pista forestal alcanzaremos, salvando un notable desnivel, las proximidades del Puerto de Guadarrama o Alto del León. Las boscosas laderas del monte de los Regajos serán testigo de nuestros esfuerzos por alcanzar la carretera que recorre el cordal desde el Puerto de Guadarrama al Collado del Hornillo. Ésta es una ruta muy dura pero nos permite superar sin apenas pisar asfalto el Alto del León. Como suele ser habitual en esta zona de Guadarrama seguiremos gozando de magníficas vistas del piedemonte serrano y nunca nos faltará la sombra de un frondoso pino albar o el manantial de una fuente para descansar. La recompensa final al esfuerzo realizado será sin duda el recuerdo de unos paisajes singulares donde el pino albar y el pino laricio compiten en belleza.

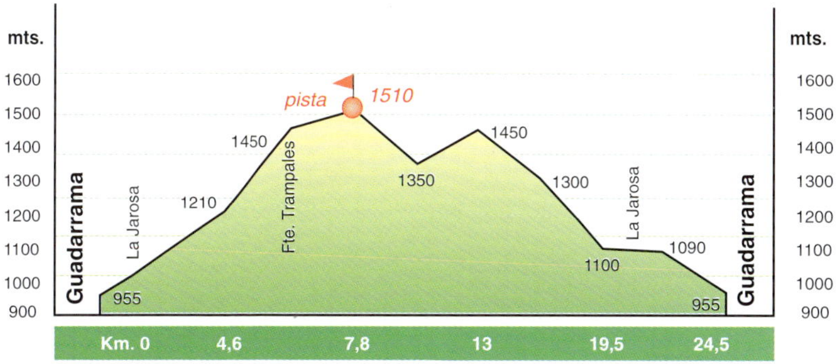

0,0 Guadarrama (955 m). Desde aquí seguimos hacia el pantano de la Jarosa. Superados los desniveles iniciales se llega a la altura de la presa donde la carretera gira a la derecha.

3,0 Cruce de Cenarrubia (1090 m). A diferencia de la ruta anterior (ruta 28) dejamos el asfalto inmediatamente pasado el dique de la presa. La carretera gira a la izquierda y nosotros seguimos recto por una pista que asciende en sentido contrario al de la ruta anterior.

4,6 Dos cruces consecutivos (1210). La primera pista a la derecha se encamina hacia la carretera N-VI para alcanzar la misma a la altura de la curva de la estación de Tablada. No la tomaremos salvo que queramos subir el Puerto de Guadarrama por carretera. Optaremos por la siguiente gran pista de las que aparece por nuestra derecha. Se trata de una dura ascensión de casi tres kilómetros que nos llevará a la pista asfaltada del Puerto de Guadarrama al Collado Hornillo.

7,1 Fuente de los Trampales (1450 m). Estamos a punto de finalizar la subida.

7,8 Pista del Collado del Hornillo (1510 m). Giramos a la izquierda. Si quisiéramos acercarnos al Puerto de Guadarrama y enlazar con la ruta 26 seguiríamos la carretera a la derecha durante 1600 metros. En apenas trescientos metros de bacheado asfalto –por decir algo– abandonamos la carretera hacia la izquierda. En este punto nace una pista poco marcada que se encuentra cerrada por una barrera. Este camino desciende por una sucesión de bonitas praderas. Es un descenso peligroso por la presencia de piedras sueltas, baches y alguna rama.

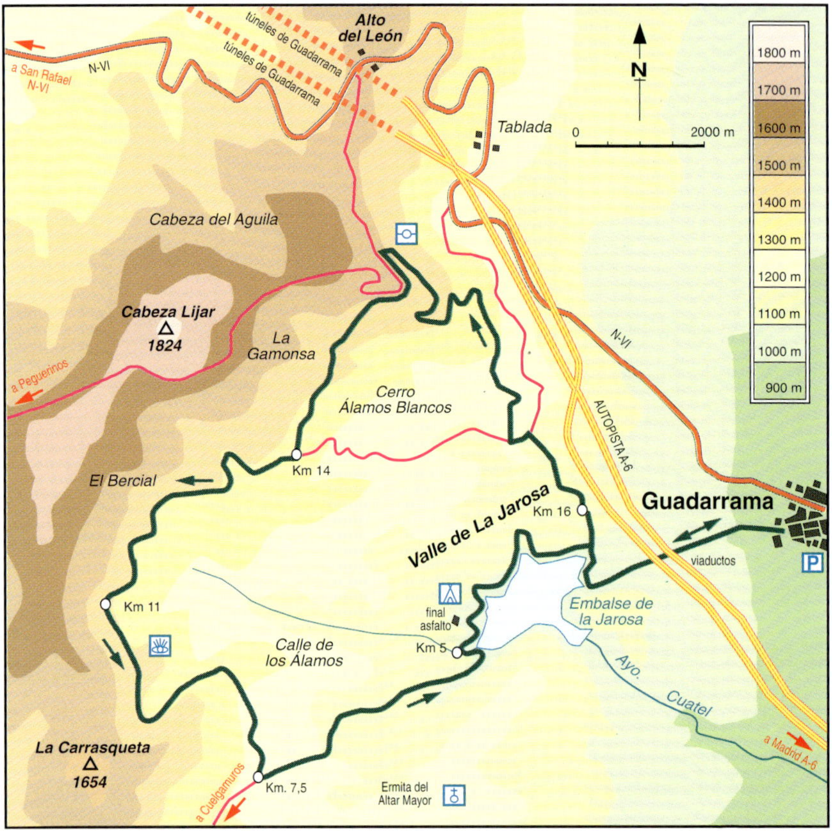

11,0 Pista de la Jarosa-Cerro de los Álamos Blancos (1350 m). Giramos a la derecha. Acabamos de entrar en la pista que se recorre en la ruta 28 pero en sentido contrario y en ascenso.

13,2 Final del ascenso (1450 m). Se trata de la segunda (y última) gran subida de la jornada. Desde este punto comienza una bajada vertiginosa que nos conducirá al merendero y al aparcamiento del pantano.

16,8 Cruce del Valle de los Caídos (1300 m). Precaución, este último tramo de bajada es extraordinariamente rápido.

19,5 “Merendero El Cordobés” (1100 m). Desde aquí por asfalto hasta Guadarrama.

21,5 Cruce de Cenarrubia (1090 m).

24,5 Guadarrama (955 m).

Desde las faldas de Cabeza Lijar tenemos excelentes vistas de Guadarrama

RUTA 30
UNA VUELTA CON SABOR ESCURIALENSE

LONGITUD: 39 kilómetros.
DESNIVEL ACUMULADO: 715 metros.
HORARIO: Entre cuatro y cinco horas
DIFICULTAD: Alta. A lo largo de este recorrido sufriremos un gran desgaste físico, sobre todo en la subida al puerto de Abantos. Esta ascensión también se puede realizar por asfalto. El segundo tramo discurre por caminos más asequibles a todos los niveles, con escaso desnivel pero no exentos de pericia técnica.
CARTOGRAFÍA: Hoja del S.C.R. a escala 1:50.000 nº 6. Hoja nº 532 y nº 533 del Servicio Geográfico del Ejército a escala 1:50.000.
ACCESOS: Hasta San Lorenzo de El Escorial por carretera a través de cualquiera de los accesos habituales. También podrás acceder a El Escorial por la línea C-8a de Cercanías de RENFE.
OBSERVACIONES: El otoño es la mejor estación para recorrer la zona tanto por colorido como por temperatura. El invierno significa nieve o agua en muchos tramos del camino. Esta ruta se puede combinar con la ruta nº 32 por la calzada romana de Zarzalejo y con la 31 hacia Cueva Valiente.

El Monasterio de San Lorenzo de El Escorial erigido por el rey Felipe II entre 1.563 y 1.584 es el centro de gravedad de toda esta zona de la Sierra de Guadarrama. Además del Monasterio, hay otros polos de atención en San Lorenzo de El Escorial como El Real Coliseo de Carlos III, la Casita del Príncipe y La Silla de Felipe II, ubicada dentro del bosque de La Herrería. En lo que respecta al medio natural, en esta ruta disfrutaremos de una gran mezcla de paisajes algo fundamental para hacer de una excursión un itinerario ameno y divertido. Para comenzar tendremos que afrontar la dura subida al Pico de Abantos. A partir del Puerto de Abantos o Malagón, que de las dos maneras se puede denominar, encontraremos manchas de piornal y bloques de granito salpicando las extensas praderas de alta montaña. Superado el Puerto de La Cruz Verde, comienza el dominio del pinar. El colofón a la ruta lo pondrán las dehesas de encinas y de fresnos al sur de las Machotas.

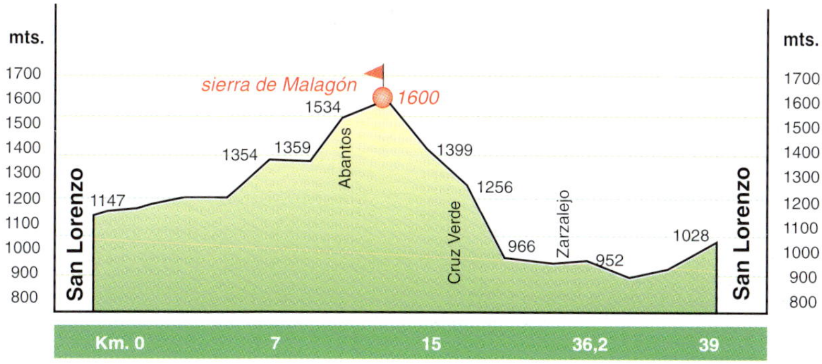

0,0 Monasterio de El Escorial (1028 m). Subiremos por la calle del Rey, Plaza de San Lorenzo y de La Cruz dejando a la derecha el Ayuntamiento. Pasamos la calle de la Piedra y la Avenida de Carlos Ruiz y en el último cruce que nos encontremos, tomaremos la calle de La Presa a la derecha.

0,8 Calle de La Presa (1077 m). Recto hasta llegar a la Presa del Romeral.

1,7 Presa del Romeral (1147 m). Aquí comienza la carretera al Pico de Abantos. Dejamos los últimos chalets a nuestra izquierda. Una puerta delimita el pinar del monte Abantos. Seguimos por el asfalto.

2,1 Casas de los Guardas de Medio Ambiente (1171 m). Esta casa queda a la derecha y un camino aparece a 90 metros a la izquierda coincidiendo con un rasante. Dejamos el asfalto. A la izquierda encontraremos la Fuente de La Teja.

2,17 El camino comienza con un pequeño tramo de descenso. A unos 200 metros llegaremos hasta una corriente de agua. El trazado gira a la izquierda para subir por un camino amplio. Finalizada la subida seguimos recto para tomar una vereda en monte abierto. A la izquierda aparece una valla de piedra. La vereda desemboca en una barrera.

3,3 Camino ancho (1205 m). Accedemos al mismo abriendo una puerta de alambre a nuestra izquierda. Tomaremos este camino a la derecha. Ligero descenso hasta llegar a una pradera con una bifurcación. Tomaremos la opción de la izquierda.

3,7 El camino de la izquierda se acerca a una valla de piedra y nos conduce a un descenso. Finaliza la bajada e iniciamos la subida para seguir por un camino llano. A la derecha se encuentra la casa "El Cobijo". Pasada la valla del jardín de la casa sale a la derecha un camino. Atentos al desvío.

4,7 Subida muy popular entre los ciclistas de la zona (1180 m). Ascensión compuesta de un total de 16 revueltas muy técnicas y divertidas trazadas a la sombra del pinar. Se suceden las curvas cerradas a derecha e izquierda con fuertes desniveles. En este tramo se ascienden casi 170 metros de desnivel.

6,7 Camino de Los Llanillos (1354 m). Camino amplio que llanea entre el pinar. Después de pasar una valla llegamos a Los Llanillos.

7,3 Los Llanillos (1359 m). Casa y fuente a la derecha. Siguiendo por el camino saldremos a la carretera del Pico Abantos. Giramos a la izquierda para seguir por carretera y coronar el Puerto.

9,5 Puerto de Malagón o Abantos (1534 m). En la vertiente norte se encuentra la presa del Tobar que abastece de agua gracias a unas tuberías subterráneas, al pueblo de San Lorenzo. En el lado izquierdo de la carretera vemos la puerta de entrada al siguiente tramo de la ruta. Cruzamos ésta y salimos por el camino de la izquierda que asciende hacia la zona del pueblo de Robledondo. Se trata de una subida difícil con piedra suelta.

12,5 Cota más alta de la ruta (1600). A la derecha veremos un bloque de granito bastante grande. Hemos rodeado por su veriente norte el Pico de Barranco de la Cabeza. Comienza el descenso por el camino de la izquierda.

14,4 Final del descenso. Dejamos una pequeña casa a la izquierda y seguimos por el camino hacia la carretera de Robledondo.

15,1 Carretera de Robledondo (1399 m). Diversas sendas pueden servir de alternativa a la carretera, pero si no estáis demasiado habituados a los caminos técnicos os recomendamos descender por asfalto hasta la carretera de la Hoya (800 m) y aquí girar a la izquierda hasta la Cruz Verde.

17,2 Puerto de la Cruz Verde (1256 m). Rotonda con varias direcciones. Seguimos por la carretera en dirección hacia Zarzalejo.

18,4 Dejamos la carretera de Zarzalejo cuando esta traza una amplia curva a la izquierda. Aquí seguiremos un camino que parte a la derecha de la misma. Como referencia hay un cartel de prohibición de hacer fuego. Es-

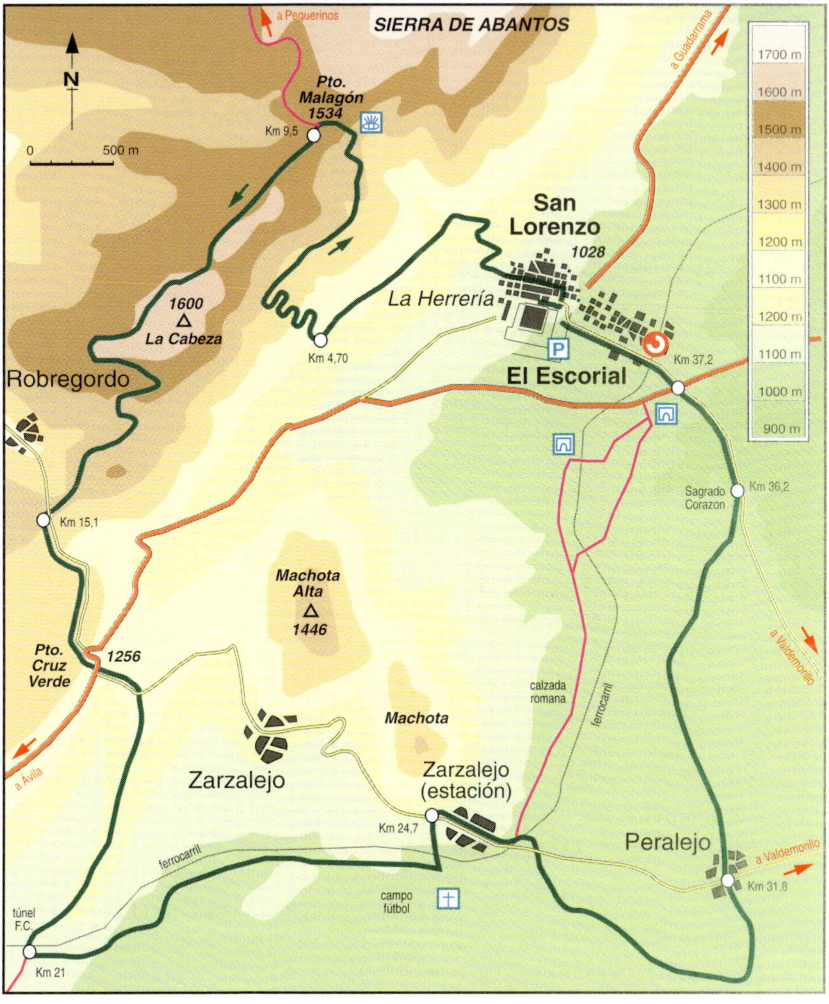

te camino desciende por el trazado del GR-10 siguiendo el cordal de Valsequillo hasta situarse sobre el túnel ferroviario de La Cañada.

21,25 Final de la bajada. El camino se ensancha. Hacemos un giro a la izquierda y descendemos por una empinada ladera en paralelo y a la derecha de la vía del tren. Alcanzamos una pista muy amplia que ya habíamos divisado desde el alto.

22,25 Pista de tierra (966 m). A la izquierda en dirección a Zarzalejo. Entramos en un tramo común con la ruta 32. El camino discurre paralelo a la vía del tren. A la derecha queda un campo de fútbol y un cementerio. Llegamos al puente que da acceso a Zarzalejo-Estación.

24,75 Puente sobre la vía férrea. Cruzamos sobre el mismo (izquierda) y entramos en Zarzalejo-Estación (1012 m). Giramos a la derecha y atravesamos esta localidad famosa por sus talleres de cantería en granito. Abandonamos el casco urbano en dirección a Fresnedillas y Peralejo.

26,25 Puente de la carretera de Peralejo sobre la vía del tren. Antes de cruzar la vía veremos que a la izquierda de la carretera aparece un camino. Este es el comienzo de la calzada romana por donde desciende la ruta nº 32. En esta ocasión pasaré de nuevo por encima de la vía del tren para llegar a un cruce en la carretera

27,5 Cruce. A la derecha por carretera dirección Fresnedillas. A escasos 50 metros tomaremos a la izquierda una amplia vía pecuaria. El camino comienza con una pequeña zona trialera y seguirá por tramos de escasa pendiente.

30,45 Cañada Real Leonesa. Giramos a la izquierda para hacer un tramo de unos 500 metros por esta vía trashumante. Encontramos un pequeño descenso, con un par de ligeras curvas del cual sale un camino a la izquierda entre dos vallas de piedra de fácil visibilidad. Entramos por este camino que nos conducirá a Peralejo.

31,8 Peralejo (936 m). Iglesia y restaurante "Casa Vieja". Una calle atraviesa este pequeño núcleo rural plagado de restaurantes. La calle se prolonga al norte con un camino que conduce a El Escorial. Este bonito camino, siempre recto, atraviesa una cantera y finaliza en la carretera C-600.

36,2 Cruce en la C-600 (952 m). Imagen del Sagrado Corazón. Giramos a la izquierda. Precaución con los coches que vienen desde El Escorial, ya que la visibilidad es escasa. Por carretera hasta llegar a la rotonda de entrada al pueblo.

37,2 Rotonda (885 m). Seguimos por asfalto para cruzar la localidad de El Escorial. Si habéis venido en Cercanías, la estación se encuentra próxima.

38,0 Estación de Cercanías de El Escorial (910 m).

39,0 San Lorenzo de El Escorial (1028 m).

Una ruta de grandes desniveles

RUTA 31
LA SOLITARIA SIERRA DE MALAGÓN

Longitud: 64,4 kilómetros.
Desnivel acumulado: 874 metros.
Horario: Entre cinco y seis horas.
Dificultad: Alta. Tanto por la longitud del recorrido como por la dificultad añadida de algunas zonas trialeras en las cercanías del Pico Abantos.
Cartografía: Hoja del S.C.R. a escala 1:50.000 nº 6. Hojas del S.G.E. nº 507, 508, 532 y 533.
Accesos: Si vuestro estado de forma no es óptimo, podéis evitar la subida del Puerto de Abantos dejando los coches aparcados en la culminación del mismo. Dejar un coche en San Rafael para los que tomen esta opción.
Observaciones: Itinerario no recomendable para el invierno ya que en su recorrido nos encontraremos con nieve. Atención a los cambios climatológicos, que nos pueden sorprender a lo largo de un itinerario tan largo. Si tomaís la variante desde el Alto de La Gargantilla hasta San Rafael. Hay que tener en cuenta que el ferrocarril de Cercanías no enlaza directamente desde aquí con El Escorial sino que hay que transbordar en Villalba.

San Lorenzo de El Escorial sirve de origen a uno de los recorridos más largos y difíciles de los propuestos en la guía. En las proximidades de esta bella localidad se encuentra el Puerto de San Juan de Malagón o de Abantos que nos conduce al sector de Peguerinos (Ávila) y La Cepeda un enclave de territorio madrileño situado entre Ávila y Segovia. Es ésta una comarca compuesta por extensos prados y pinares sobre un relieve relativamente horizontal tan sólo roto por el escarpe que se abre hacia el sur desde el pico Abantos. La máxima cota del recorrido está constituida por el Pico de Cueva Valiente que presenta una de las subidas más duras de cuantas hemos realizado en este libro. Para los enemigos del tráfico y del asfalto advertimos de la presencia de tramos sobre carreteras abiertas a la circulación pero cuyo mal estado las hacen idóneas para nuestras bicis.

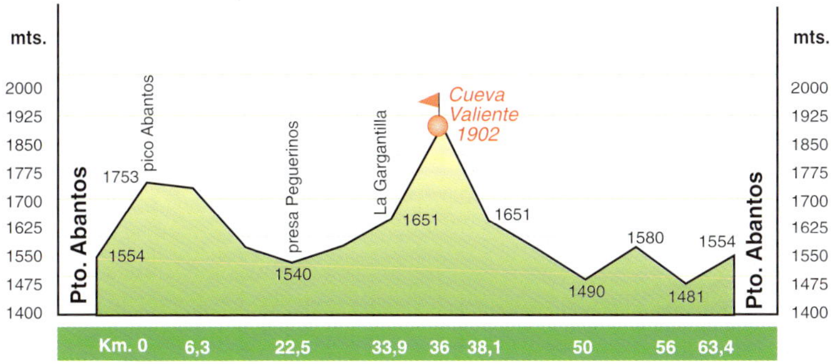

0,0 Puerto de Abantos (1554 m). Tomaremos este punto como origen del recorrido. Pasada una valla, dejaremos los coches. Animo a los que habéis subido hasta aquí en bici. Seguimos la carretera principal que en el collado gira a la derecha (dirección NE.).

0,78 Dejamos la carretera y tomamos una pista a la derecha.

2,6 Abandonamos la pista tras cruzar una valla de ganado y tomamos una fuerte subida a la izquierda. Precaución con las piedras.

4,2 Pico Abantos (1753 m). Merece la pena detenerse y disfrutar del espléndido panorama. Seguimos dirección NE. hasta encontrarnos con la tapia que delimita el Valle de Los Caídos. Seguimos un camino trialero con la tapia siempre a la derecha.

5,53 Cruzamos un portón de ganado. La tapia sigue a la derecha.

6,3 Vértice geodésico del pico San Juan (1734 m).

6,8 Fuerte bajada. Precaución.

7,6 Refugio de la Naranjera. Hacemos un giro y tomamos un sendero de bajada a nuestra espalda y a la izquierda. Dirección SO.

8,7 Fuente de las Negras (1580 m). Por carretera a la derecha dirección a Peguerinos. Precaución con el tráfico y el ganado suelto.

10,3 Seguimos una pista de tierra a la derecha. Pasamos los campamentos de "Peñas Blancas" a la izquierda.

15,35 Tomamos una carretera a la izquierda. Seguir las indicaciones de camping. Precaución con el tráfico.

18,12 y **18,5** Girar a la derecha en sendos cruces con indicaciones de camping.

18,84 La carretera llega a una puerta que hemos de franquear a través de la valla por su lado izquierdo (1490 m). A la derecha está el camping de Peguerinos.

21,4 La pista asciende por la ladera izquierda del Arroyo Chubieco. el asfalto deja paso a la tierra.

22,5 Presa de Peguerinos (1540 m). Bifurcación. Tomamos el camino de la izquierda, la opción de la derecha asciende directamente al alto de la Gargantilla.

24,3 Cruce del vértice Llanillo (1578 m). Estamos en lo alto de una planicie despejada en el corazón de la Sierra de Malagón. De las opciones del cruce seguiremos la que sigue recto (dirección noroeste) A la izquierda se encuentra el vértice geodésico "Llanillo" (1582 m). Comienza una bajada en un momento dado entramos dentro de la finca de la Cepeda, un enclave de territorio madrileño situado a caballo de las provincias de Ávila y Segovia.

27,5 La pista llega a una pradera en un amplio collado (1564 m). En un momento dado, las roderas se desdibujan. Hemos de girar a la derecha y tomar una pista en curva ascendente. Es un punto singular ya que aquí confluyen Ávila, Madrid (enclave de La Cepeda) y Segovia.

30,0 El camino ha discurrido hasta ahora por un bosque. Llegamos al paraje de la Cañada de la Cumbre una extensa zona de prados. Seguimos recto hacia el noreste a pesar de que el camino se desdibuja. Al final de pradera alcanzamos la pista que proviene del cruce del vértice Llanillo (kilómetro 24,3). Giramos en dirección a la izquierda.

30,5 A la derecha podemos ver unas lagunillas que en verano suelen secarse.

32,5 Fuente en la cuneta izquierda.

33,9 Alto de La Gargantilla (1651 m). Cruce de carreteras seguimos la estrecha pista asfaltada con la indicación de "Cueva Valiente". Es una subida de extraordinaria dureza.

36,0 Cueva Valiente (1902 m). Merece la pena, antes del descenso, subir hasta el vértice geodésico. Hacia el noroeste se extiende el Valle de El Espinar, al sureste la cima de Cabeza Lijar, el Collado del Hornillo y el refugio de La Salamanca y al sureste el lejano Pico Abantos. Descendemos por la pista de ascenso.

38,1 Alto de La Gargantilla (1651 m). De nuevo en el cruce al pie de Cue-

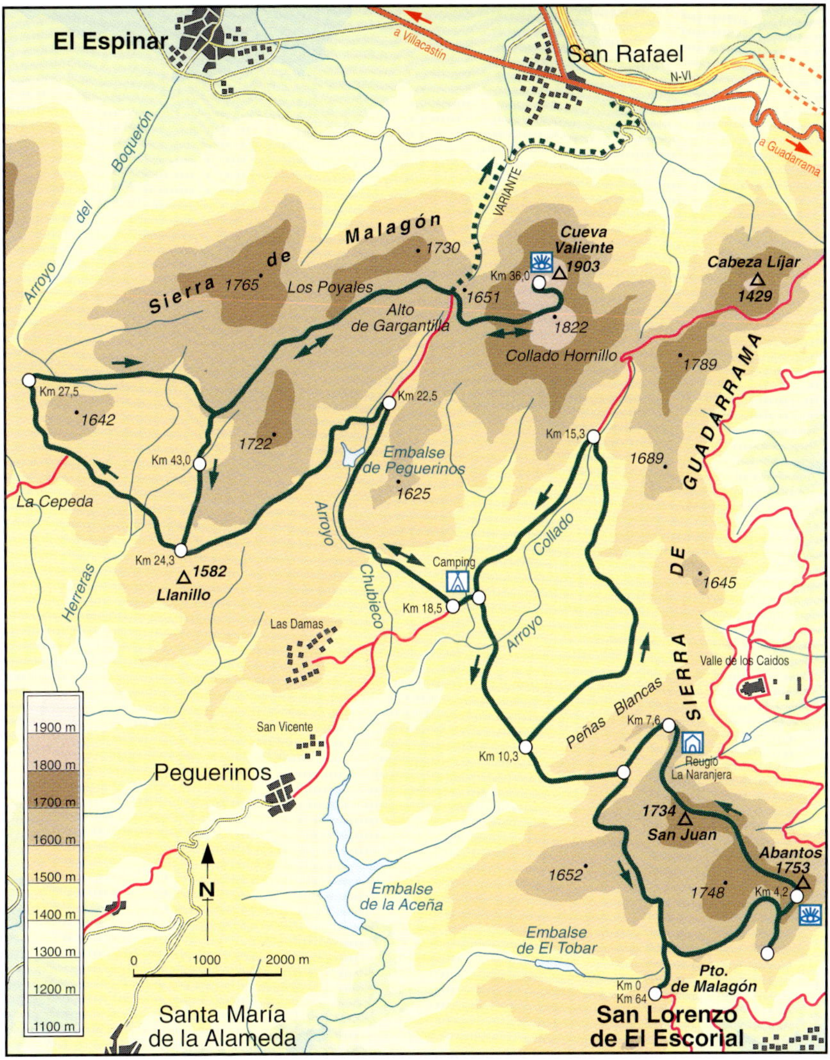

va Valiente, seguimos recto por el camino que nos trajo hasta aquí.

40,5 Fuente. Esta vez a la derecha. Atención, unos metros más adelante, debéis tomar la pista principal a la derecha. Lagunas, esta vez a la izquierda

42,0 Seguimos sin abandonar la pista. Ojo de no volver por el camino de la pradera, que ahora queda a la derecha. Atención al bonito descenso.

44,2 Cruce del vértice Llanillo (1578 m). Llegamos al cruce con el vértice de frente (sur) Giramos a la izquierda y seguimos la pista de la izquierda por donde ya hemos ascendido a la ida.

48,0 Pista a la derecha. La presa pasa ahora a estar a nuestra derecha.

49,5 Verja y tapia (1490 m). Cruzamos a la derecha.

50,0 y **50,3** Carretera. Tomamos los dos cruces consecutivos a la izquierda.

50,3 también se puede seguir directo por asfalto hacia el puerto de Abantos.

53,1 Desvío a la derecha (1580 m). De nuevo por la pista de tierra con firme ondulado.

58,0 Carretera (1481 m). Giramos a la izquierda. Desde aquí tendremos una subida suave hasta el Collado de Abantos, situado a cinco kilómetros. Atención en la fuente de las Negras giramos a la derecha y seguimos por carretera , la ruta ya ha sido demasiado larga como para regresar por la Naranjera.

63,4 Collado de Abantos. Para los más fuertes queda la recompensa del descenso hasta San Lorenzo

Variante de regreso

POR SAN RAFAEL

Una vez que hemos descendido de Cueva Valiente podemos dirigirnos directamente a San Rafael y allí finalizar la ruta.

38,1 Alto de La Gargantilla (1651 m). De nuevo en el cruce al pie de Cueva Valiente. Situados en el Alto y mirando al norte veremos que un sendero desciende por dicha vertiente. Se trata de una senda que sigue el valle del arroyo de La Gargantilla. Es un sendero muy técnico y solo recomendable para expertos.

39,7 Carretera forestal de San Rafael a El Espinar (1380 m). A la izquierda se llega a El Espinar (5 kilómetros) a la derecha se llega a San Rafael.

40,5 San Rafael. Cruce con la antigua N-VI (1280 m).

La Cepeda, un espacio dominado por las praderas y zonas despejadas de vegetación

RUTA 32
SIGUIENDO LA CALZADA DE LAS MACHOTAS

Longitud: 18,5 kilómetros.
Desnivel acumulado: 200 metros aproximadamente.
Horario: Entre dos y tres horas.
Dificultad: Alta. Un factor puede añadir dificultad a la ruta: la presencia de agua. El tramo perteneciente a la calzada romana suele estar permanentemente encharcado en época de lluvia conviertiéndose en una verdadera trampa.
Cartografía: Hoja del S.C.R. a escala 1:50.000 nº 6. Hojas 532 y 533 del S.G.E., a 1:50.000.
Accesos: Hasta Robledo de Chavela por el Puerto de La Cruz Verde. También podrás acceder Robledo de Chavela por la línea C-8a de Cercanías de RENFE.
Observaciones: Ruta de carácter lineal que se puede combinar con la ruta 30. Es muy recomendable hacer el itinerario de ida en Cercanías y regresar desde Robledo a El Escorial realizando la ruta en el sentido propuesto. También se puede realizar en sentido contrario con la dificultad añadida de la calzada de Las Machotas que habrá que realizarla en sentido ascendente.

Ruta de clara vocación lineal que sigue las huellas de las viejas calzadas romanas y los caminos medievales de la trashumancia. Se trata de un recorrido heterogéneo por la diversidad de caminos utilizados ya que transitaremos por senderos de montaña, pistas forestales y una calzada romana. Además asistiremos a una mezcla de paisajes impropia de una ruta de tan escaso kilometraje. La validez de los viejos trazados romanos y medievales se revalidó siglos más tarde cuando la vía férrea Madrid-Ávila, una de las más antiguas de España, siguió un camino muy parejo al de la calzada romana para bordear la Sierra de Malagón y las Machotas. Nuestra ruta, en gran medida paralela al trazado ferroviario, pretende demostrar la validez de los viejos trazados camineros a la hora de solventar las dificultades orográficas.

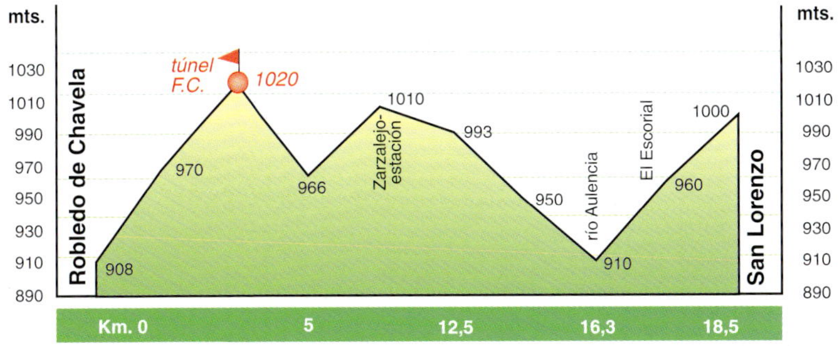

0,0 Robledo de Chavela (908 m). Si habéis acudido en Cercanías deberéis bajar hasta el centro del pueblo. Partimos hacia el norte en dirección al Puerto de la Cruz Verde por la carretera M-512.

1,1 Colonia Nuestra Señora de El Carmen (970 m). La carretera traza una gran curva hacia la izquierda para atravesar el valle del arroyo Valsequillo. Antes de esta curva y del lado derecho de la calzada parte una calle que se convertirá en una pista ascendente por la margen izquierda del arroyo. Este camino es seguido también por el GR-10 en su ascenso al túnel de La Cañada. Otra manera de conectar con este camino es desviarse a la derecha por la carretera M-521 a Fresnedillas de La Oliva, a escasos 1500 metros del cruce, bordeando el monte de La Antigua veremos que nace una pista a la izquierda de la carretera y que también asciende hacia el túnel de la Cañada.

4,8 Alto del Túnel de la Cañada (1020 m). Estamos sobre el cordal norte-sur que desciende desde La Cruz Verde. Casi en la vertical del túnel unos senderos trialeros descienden a la derecha para conectar con una pista que se dirige a Zarzalejo-Estación. En este punto coincidiremos con el trazado de la ruta nº 30. Descendemos, dejamos la vía férrea a la izquierda y conectamos con la pista.

5,0 Pista de tierra (966 m). Recto en dirección a Zarzalejo. El camino discurre en mayor o menor medida paralelo a la vía del tren. A la derecha queda un campo de fútbol y un cementerio. Llegamos al puente que da acceso a Zarzalejo-Estación enclave urbano también conocido como Pajares.

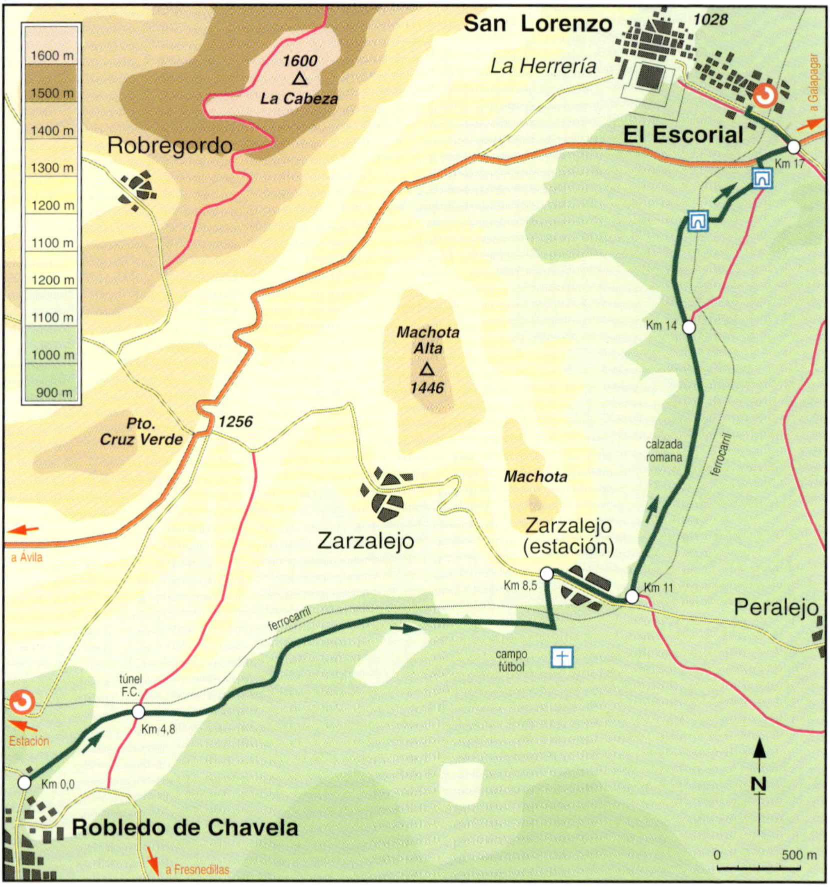

8,2 Puente sobre la vía férrea. Cruzamos sobre el mismo (izquierda) y entramos en Zarzalejo-Estación (1000 m). Giramos a la derecha y atravesamos esta localidad famosa por sus talleres de cantería en granito. Abandonamos el casco urbano en dirección a Fresnedillas y Peralejo.

11,0 Puente de la carretera de Peralejo sobre la vía del tren (1010 m). Antes de cruzar sobre la vía veremos que a la izquierda de la carretera aparece un camino. Éste es el comienzo de la calzada romana que desciende hacia El Escorial, a la derecha continúa la ruta 30. Se trata de un camino divertido pero no exento de

La calzada romana atraviesa parajes de sencilla belleza

dureza. En algunos tramos transitaremos sobre grandes lajas de granito y en otros sitios no habrá más remedio que poner pie en tierra. Si estamos en época de lluvias los tramos más encajonados entre vallas de piedra estarán inundados.

12,5 Calzada Romana (993 m). La dificultad técnica es menor al tratarse de un tramo en descenso.

14,0 Vía del ferrocarril. El trazado original de la calzada sigue en dirección noreste y es cortado por la trinchera del ferrocarril. Mejor no cruzar las vías y seguir por un trazado alternativo que continúa paralelo a la vía hasta que un paso a distinto nivel nos permita cruzarla.

15,0 Paso sobre las vías del tren (950 m).

16,3 Río Aulencia (910 m). En el último tramo del camino, ya muy próximos a El Escorial la calzada cruza sobre el río Aulencia por un bonito puente romano. Entramos en el casco urbano de El Escorial.

17,4 Estación ferroviaria de El Escorial (960 m).

18,5 San Lorenzo de El Escorial (1000 m).

RUTA 33
EL CERCANO OESTE MADRILEÑO

Al plantearse varias rutas no hay ficha técnica específica para cada una

ACCESOS: Hay dos accesos principales. Por la autovía N-VI (Galapagar, El Escorial, Puerto de la Cruz Verde y Robledo de Chavela) o por la autovía N-V hasta Alcorcón y desde aquí por la M-501 (Navas del Rey, Puerto de la Almenara y Robledo de Chavela.). Robledo de Chavela es la estación de Cercanías más próxima.

CARTOGRAFÍA: Hoja del S.C.R. a escala 1:50.000 nº 6. Mapa Topográfico Nacional a escala 1:50.000 hojas 532 y 557.

OBSERVACIONES: Se plantean diversos itinerarios complementarios entre sí, de carácter circular y con salida y llegada en la Plaza de Valdemaqueda. Alguno puede haber sido vallado.

Valdemaqueda es un pequeño municipio madrileño asentado en un territorio de transición entre las Sierras de Guadarrama y Gredos. Las dos grandes montañas del Sistema Central se confunden en una especie de laberinto de riscos, e inmensos pinares. Espacio de ruptura geográfica y frontera administrativa ya que estamos en el último municipio de la zona oeste de la Comunidad de Madrid antes de entrar en Ávila. La relativa lejanía con Madrid, la ausencia de comunicaciones directas y la presencia de grandes fincas privadas han evitado la fiebre urbanizadora de otros lugares de la sierra madrileña. Hasta hace fechas recientes el 90% del terreno del término municipal estaba en manos de una empresa privada. Sobre la zona se cierne una amenaza constante: el vallado de fincas y cierre de caminos que incluso afecta irremediablemente a alguna de las rutas propuestas.

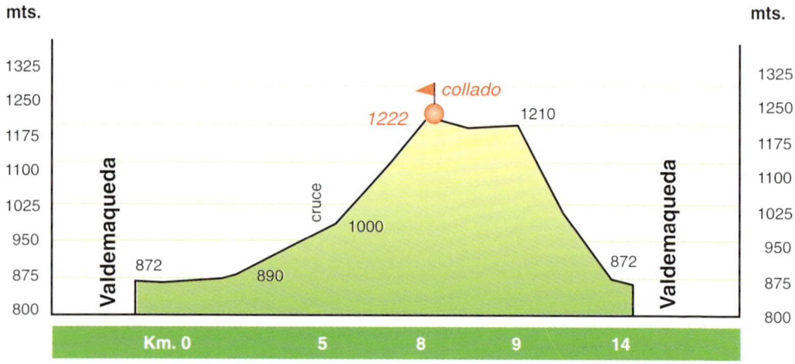

La pequeña vuelta al Cerro de Santa Catalina

LONGITUD: 14 KILÓMETROS

0,0 Ayuntamiento de Valdemaqueda (872 m). Por la calle principal en dirección Robledo.

0,6 Camping Canto de la Gallina (890 m). Se abandona la carretera de Robledo por una pista que aparece en la margen izquierda. Se trata del Camino de los Corrales. A la derecha se abre el valle del río Cófio.

5,6 Cruce del Collado Postema (1000 m). Dejamos el cómodo camino y giramos a la izquierda para comenzar un duro ascenso que se prolonga durante dos interminables kilómetros.

7,8 Collado Postema o Santa Catalina (1222 m). Se trata del amplio collado que separa las cimas de la Atalaya de la de Santa Catalina. De frente por la pista principal, pero aún tendremos que ascender un poco más.

9,2 Cruce de Prado Larras (1210 m). Ignoramos el desvío que desciende hacia la derecha y el camino de frente. A la izquierda en dirección sur por un fuerte descenso. El camino se encajona por Prados del Hoyo en busca del Arroyo de las Chorreras.

14,0 Ayuntamiento de Valdemaqueda (872 m).

La Vuelta al cerro Santa Catalina por la casa de la Dehesilla

LONGITUD: 18 KILÓMETROS

0,0 Ayuntamiento de Valdemaqueda (872 m). Por la calle principal en dirección Robledo.

0,6 Camping Canto de la Gallina

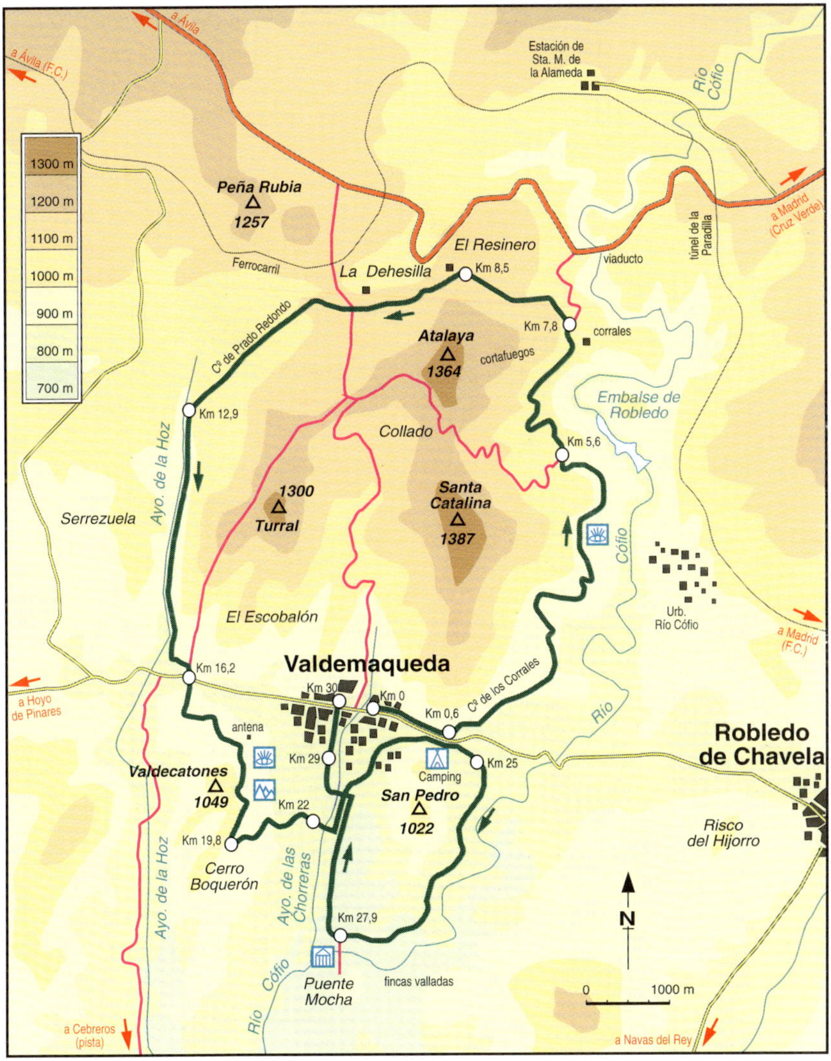

(890 m). Por el Camino de los Corrales.

5,6 Cruce del Collado Postema (1000 m). Giramos a la izquierda para ascender al collado.

7,8 Collado Postema o Santa Catalina (1222 m). Por la pista principal.

9,2 Cruce de Prado Larras (1210 m). A diferencia de la opción tomada en la ruta anterior, se gira a la derecha para descender hacia el norte.

10,4 Final de la bajada (1110 m). Tapia al frente. Giramos a la izquierda.

10,5 A la izquierda (1090 m). A la derecha quedan los prados de la casa de la Dehesilla y la vía férrea.

12,7 Arroyo de la Hoz (1002 m). El camino se mantiene por la orilla izquierda del cauce sin llegar a cruzarlo. Comienza un bonito descenso entre pinos.

14,0 Valla de madera (980 m). A la derecha, el Arroyo de la Hoz.

15,1 Momentáneo cruce del arroyo (960 m).

16,0 Carretera de Hoyo de Pinares (906 m). A la izquierda por asfalto.

18,2 Valdemaqueda (872 m).

La vuelta a la Atalaya

LONGITUD: 18,5 KILÓMETROS

0,0 Ayuntamiento de Valdemaqueda (872 m). Por la calle principal en dirección Robledo.

0,6 Camping Canto de la Gallina (890 m). Por el Camino de los Corrales.

5,6 Cruce del Collado Postema (1000 m). En lugar de girar a la izquierda como en las rutas precedentes, seguimos recto por el cómodo Camino de los Corrales.

7,8 Rabo de Corrales (1050 m). Paraje caracterizado por un enorme cobertizo de chapas metálicas para el ganado. Seguimos por el camino de la izquierda (no es el empinado cortafuegos). De frente descenderíamos al viaducto de la carretera de Ávila conocido por los saltos de puenting.

8,5 Collado de la Casa del Resinero (1150 m). Recto hacia el oeste. Comienza un divertido descenso por un bosquecillo de pinos jóvenes.

10,7 Recto (1090 m). A la derecha quedan los prados de la casa de la Dehesilla y la vía férrea.

12,9 Arroyo de Hoz (1002 m). El camino se mantiene por la orilla izquierda del cauce sin llegar a cruzarlo. Bonito descenso entre pinos.

14,2 Valla de madera (980 m). A la derecha se encuentra el arroyo.

15,3 Momentáneo cruce de arroyo (960 m).

16,2 Carretera de Hoyo de Pinares (906 m). A la izquierda por asfalto hasta el pueblo.

18,4 Valdemaqueda (872 m).

El puente Mocha, un bonito rincón de Valdemaqueda

El Circuito grande de Valdemaqueda

LONGITUD: 30 KILÓMETROS

(Como esta ruta tiene un tramo común con la precedente hacemos un resumen de los principales lugares.)

0,0 Ayuntamiento de Valdemaqueda (872 m). Por la calle principal en dirección Robledo.

0,6 Camping (890 m). Por el Camino de los Corrales.

5,6 Cruce del Collado Postema (1000 m). Recto por el cómodo Camino de los Corrales.

7,8 Rabo de Corrales (1050 m). Seguimos por el camino de la izquierda. De frente descenderíamos al viaducto de la carretera de Ávila conocido por los saltos de puenting. A la derecha los corrales de chapa.

8,5 Collado de la Casa del Resinero (1150 m). Recto hacia el oeste.

10,7 Recto (1090 m). A la derecha quedan los prados de la casa de la Dehesilla y la vía férrea.

12,9 Arroyo de Hoz (1002 m). El camino se mantiene por la orilla izquierda del cauce sin llegar a cruzarlo.

14,2 Valla de madera (980 m). A la derecha se encuentra el arroyo.

15,3 Cruce del arroyo (960 m).

16,2 Carretera de Hoyo de Pinares (906 m). Recto cruzando la carretera por una pista ancha que aparece al otro lado de la calzada.

16,6 Cruce. A la izquierda hacia la antena de TV.

17,4 Antena de TV (1000 m). A nuestras espaldas queda una espectacular vista de Valdemaqueda y del Cerro de Santa Catalina.

18,5 Bifurcación (990 m). A la izquierda por la línea de cumbres. A la izquierda (este) se abre el valle de las Chorreras.

19,8 Giro a la izquierda (925 m). Dejamos la pista y giramos en ángulo hacia atrás para comenzar un fuerte descenso. Como referencia en una piedra junto al camino aparece pintado un número "5". El descenso es muy difícil de seguir y está lleno de piedras. Poco a poco el camino aparece más claro.

22,1 Arroyo de las Chorreras (800). Al otro lado del cauce se encuentra la pista del puente romano. La tomamos a la izquierda y ascendemos hacia Valdemaqueda.

23,0 La Peguera (850 m). Dejamos atrás la depuradora de aguas. En la próxima calle giramos a la derecha para ascender hacia el camping sin entrar en el pueblo. Rodeamos en su totalidad el Cerro de San Pedro.

24,2 Camping (890 m). Ésta vez giramos a la derecha por la parte baja del camping. Nos dirigimos por una serie de caminos hacia la profunda Garganta del Cofio.

26,0 Collado Bajero (900 m). Nos encontramos entre el Cerro de San Pedro y el Cerro del Boquerón. Recto por una pista ancha que aparece al otro lado de la carretera.

27,9 Puente Mocha (740 m). Precioso puente romano de sillares de granito. Es una lástima que en la orilla opuesta una valla impida seguir rutas hacia el sur. Sin cruzar el puente ascendemos a la derecha por una buena pista, de vuelta a Valdemaqueda.

29,0 Depuradora (825 m). Recto hasta Valdemaqueda sin girar hacia el camping.

30,0 Ayuntamiento de Valdemaqueda (872 m).

El río Cofio abre una profunda garganta entre Robledo y Valdemaqueda

RUTA 34
BAJO LA SOMBRA DE LOS PINARES ABULENSES

LONGITUD: 33 kilómetros.
DESNIVEL ACUMULADO: 500 metros.
HORARIO: Entre tres y cuatro horas.
DIFICULTAD: Media, desde el punto de vista físico y técnico.
CARTOGRAFÍA: Hojas a escala 1:25.000 del I.G.N. nº 532-III, 532-IV, 557-I y 557-II.
ACCESOS: Desde el sur y el oeste de Madrid por la carretera N-V hasta Alcorcón y desde allí por la N-501 hasta San Martín de Valdeiglesias, Cebreros y Hoyo. La otra opción, si acudimos tanto desde el norte de Madrid (vía El Escorial) como desde Ávila, será la de seguir la N-505 hasta Navalperal y Hoyo.
OBSERVACIONES: Para encontrar el punto de partida, la mejor referencia será llegar a la plaza del Ayuntamiento y allí preguntar por la bodega-cooperativa. Recomendamos para acudir a la zona, evitar los calores extremos del verano y los rigores del invierno.

Las sierras que se encuentran definiendo el límite administrativo entre las provincias de Madrid y Ávila conforman un intrincado laberinto de valles encajados, cimas escarpadas y frondosos pinares muy apreciados por turistas y deportistas. En temporadas estivales, o los fines de semana los veraneantes madrileños "colonizan", en el sentido positivo de la palabra, los pueblos abulenses más próximos al límite provincial. Las explotaciones forestales y ganaderas tradicionales han tejido una intrincada red de pistas muy recomendables para el excursionismo y la bicicleta de montaña. El valor excepcional de los ecosistemas de la zona marca el modo de vida de los pueblos de la comarca que han crecido de modo equilibrado con su entorno natural. Sin embargo, en las últimas décadas, las localidades serranas se han visto muy influenciadas por la implantación masiva de urbanizaciones residenciales.

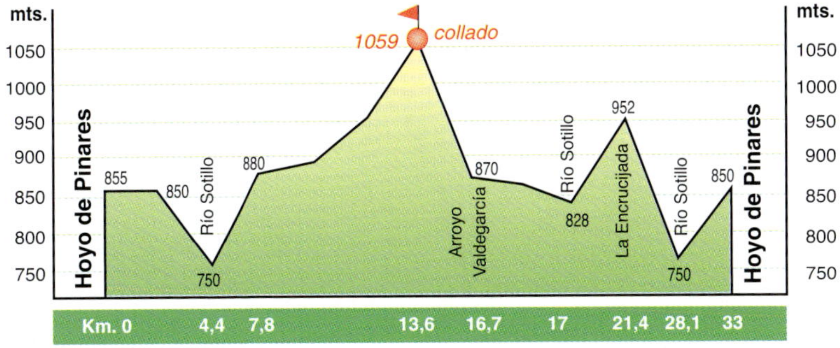

0,0 Hoyo de Pinares, bodega-cooperativa (855 m). Situada al este del casco urbano, junto a la carretera de Valdemaqueda. Tomamos una pista de asfalto que discurre entre una zona de chalets y fincas hasta salir del pueblo. Aquí la pista se convierte en un cómodo camino de tierra. Al comienzo el paisaje está dominado por campos de viñedos y nada hace presagiar un paisaje de pinar y montañas.

1,1 Subida de La Herren (850 m). Primer repecho de la jornada. Continuamos sin abandonar la pista principal, también conocida como camino del Fresnazo, que tiene una clara orientación oeste-este. Nos encaminamos, en franco descenso, hacia el valle del Sotillo.

4,4 Puente sobre el río Sotillo (750 m). Rebasado el puente se inicia una fuerte subida que rápidamante se suaviza. A escasos 100 metros giramos a la izquierda para tomar la pista que remonta el valle del Sotillo. La pista de la derecha será por la que regresaremos para cerrar el circuito. Este tramo es muy bonito. A la izquierda vemos la Hoya de Martisastre tapizada de hermosos pinos piñoneros.

7,8 Carretera Hoyo-Valdemaqueda (880 m). Finaliza el primer tramo de pista. Salimos a la carretera y giramos a la izquierda (oeste) por asfalto.

8,0 Dejamos la carretera a la altura del mojón kilométrico 12. Accedemos por el lado derecho a la pista del río Sotillo (que ahora también es conocido como arroyo de las Palizas). Una pequeña subida nos lleva hasta un cómodo tramo por la ribera del río. Hay unas magníficas pozas para detenerse a comer y darse un bañito en el arroyo.

11,0 Desvío (890 m). La pista cruza

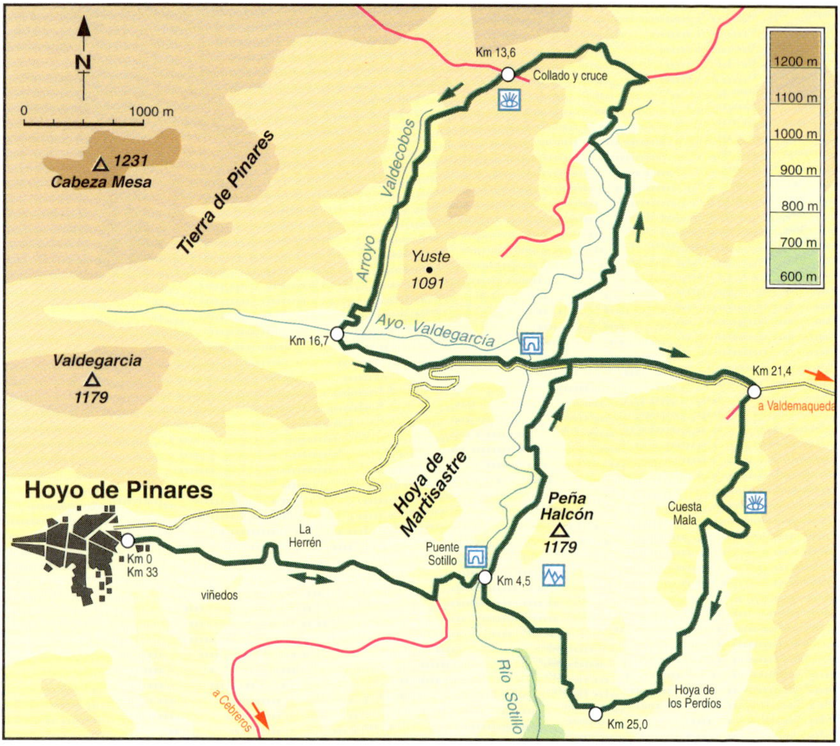

el arroyo. Hay un cruce en "T" señalizado con un cartel de la Junta de Castilla y León. Giramos a la derecha (norte) y comenzamos un duro ascenso aliviado por el excelente estado de la pista y la belleza del pinar.

11,8 Desvío en plena subida (950 m). Cruce en una curva a la izquierda. Seguimos esta misma dirección para continuar el ascenso por la Umbría de Navalrobledo.

13,6 Collado y máxima cota de la ruta (1059 m). Estamos al sur de la "Mangada del Juncal". Atención: se trata de un importante cruce de caminos con tres opciones. Para seguir, tomaremos el camino del centro (suroeste), que no es precisamente el más obvio ya que la pista que traíamos sigue llaneando a la derecha (oeste). Descendemos radicalmente por el Valle de Valdecobos. Es un rápido camino algo técnico, divertido y no exento de peligro. Este tramo finaliza al llegar al fondo del valle.

16,7 Vado sobre el arroyo Valdegarcía (870 m). Cruzamos el cauce y ascendemos para enlazar en apenas

Las sierras que rodean Hoyo de Pinares tienen una tortuosa topografía

100 metros con una pista paralela al valle. Giramos a la izquierda por ésta para acceder a la carretera de Valdemaqueda.

17,7 Carretera Hoyo-Valdemaqueda (860 m). Enlazamos con el asfalto en plena curva y un poco antes del mojón del km 13,0. Seguimos a la izquierda y bajamos por esta tranquila carretera.

18,6 Puente de Posadas (828 m). Seguimos por carretera pero ahora tendremos que afrontar mas de tres kilómetros de subida. Pasaremos en sentido contrario por el tramo de asfalto realizado con anterioridad.

21,4 Collado de la Encrucijada (952 m). Giramos a la derecha y dejamos la carretera justo cuando finaliza el ascenso. Seguimos dirección a El Rincón.

21,6 Desvío en "Y". Seguimos el ramal de la izquierda que conduce a un rapidísimo descenso en el que siempre seguiremos la pista principal.

23,4 A la derecha veremos el "Encerradero de Cuesta Mala" . Se trata de una peculiar edificación levantada con chapas metálicas. Entramos en el paraje de la "Hoya de los Perdíos".

25,2 El camino gira progresivamente a la derecha rodeando "Peña Halcón". Sin tomar ninguna otra opción, que no sea la de la pista principal, la ruta toma rumbo oeste para llegar a su tramo de regreso. Antes, deberemos pasar de nuevo sobre el puente del río Sotillo.

28,1 Puente sobre el Sotillo (750 m). Desde aquí tan sólo tendremos que regresar por la pista que utilizamos en el primer tramo de la ida.

33,0 Hoyo de Pinares (850 m). Final de la ruta.

RÍO ALBERCHE Y LAS SIERRAS DEL SUROESTE

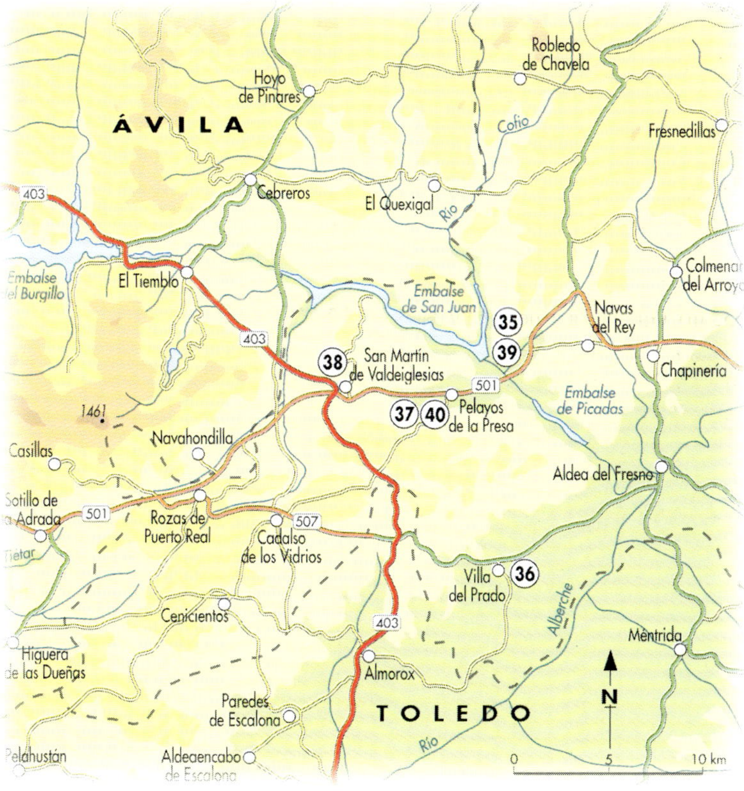

RUTA 35
LA CUERDA DE LA PARADA

LONGITUD: 29,6 kilómetros.
DESNIVEL ACUMULADO: 650 metros.
HORARIO: De tres a cuatro horas.
DIFICULTAD: Media. En todo momento se circula por excelentes pistas forestales. El itinerario seguido a la ida tiene un claro perfil en forma de tobogán. El tramo de regreso tiene dos partes diferenciadas. En primer lugar la subida a monte Agudillo, máxima cota de la ruta y posteriormente el rápido descenso al Puente de San Juan.
CARTOGRAFÍA: Hojas del S.C.R. a escala 1:50.000 nº 6 y 11. Hoja nº 557 del Servicio Geográfico del Ejército (S.G.E.) a escala 1:50.000.
ACCESOS: El punto recomendado de comienzo de la ruta es el mesón "El Puerto" situado en el kilómetro 49,50 de la N-501. Hay un aparcamiento para coches junto al edificio del mesón. Si comenzáis la ruta en Robledo de Chavela, el punto de inicio será la gasolinera, desde donde tendréis que recorrer algo más de cinco kilómetros por carretera hasta llegar a conectar con la ruta en el km 14,0 de la misma.
OBSERVACIONES: Ruta larga pero no por ello difícil. Una tupida red de pistas tangentes al circuito pueden servir para realizar variantes y circuitos complementarios al itinerario principal. Ideal para la primavera o para los largos días de verano. Los dos sentidos de marcha del circuito son igual de recomendables.

Ruta circular no excesivamente difícil ni complicada que permite recorrer el sistema de valles y alineaciones montañosas ubicadas entre el río Alberche y la zona de Robledo de Chavela. El paisaje dominante es el de media montaña y los relieves principales se alinean en sentido meridiano norte-sur . Este es el caso de la cresta de la Almenara, la Cuerda Verduguera o la Cuerda de La Parada que da nombre a esta ruta. Sin ánimo de originar polémica, queremos denunciar que hasta hace bien poco aún era posible conectar desde estas pistas con el Puente Mocha y el río Cofio, lo que permitía acceder a Valdemaqueda. En la actualidad una agresiva actividad de vallado de fincas ha limitado el acceso a muchos caminos privándonos del disfrute de una de las mejores zonas de bosques de la Comunidad. En cualquier caso, esta ruta no te defraudará, sino todo lo contrario: disfrutarás de un paisaje natural de pinares, navas y riscos de granito.

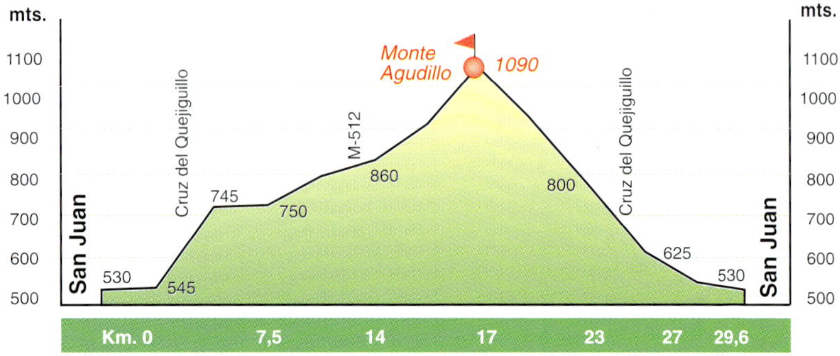

0,0 "Mesón El Puerto" (530 m). Comenzamos la ruta por la N-501 en dirección a Madrid. Atención: a escasa distancia aparece una barrera a la izquierda que da acceso a un camino que deberemos de tomar.

0,6 Dejamos la carretera. Tomamos el camino que aparece a la izquierda y seguimos a la derecha paralelos a la carretera en dirección Madrid.

0,8 Cruce de pistas junto a la N-501 (545 m). Con la carretera a nuestra espalda veremos que hay dos pistas. Nosotros tomaremos la de la derecha, la opción de la izquierda sube a la zona recreativa Lancha del Yelmo. Comienza una larga subida que gracias a dos amplias curvas se realiza sin apenas esfuerzo. Nunca dejaremos la pista principal que tiene la apariencia de una carretera sin asfaltar.

4,4 Alto de la Cruz del Quejiguillo (745 m). En este cruce de caminos se desvía la ruta nº 39. Seguimos siempre por la pista mas ancha que tiene una clara orientación norte. Se inicia un rápido tramo en el que la pista tiene un perfil en "tobogán". A nuestra derecha (este) se encuentra la Cuerda de la Parada que al igual que la pista tiene una clara orientación sur-norte.

7,5 Termino municipal de Robledo de Chavela (750 m). Barrera canadiense. La belleza del paisaje alcanza su plenitud, circulamos bajo pinos piñoneros y pinos albares. En las márgenes del camino se extienden verdes navas donde abundan corrales y otras edificaciones de los ganaderos.

12,5 Cruce (819 m). La pista principal desciende a la izquierda para conectar con la carretera M-539 de Ro-

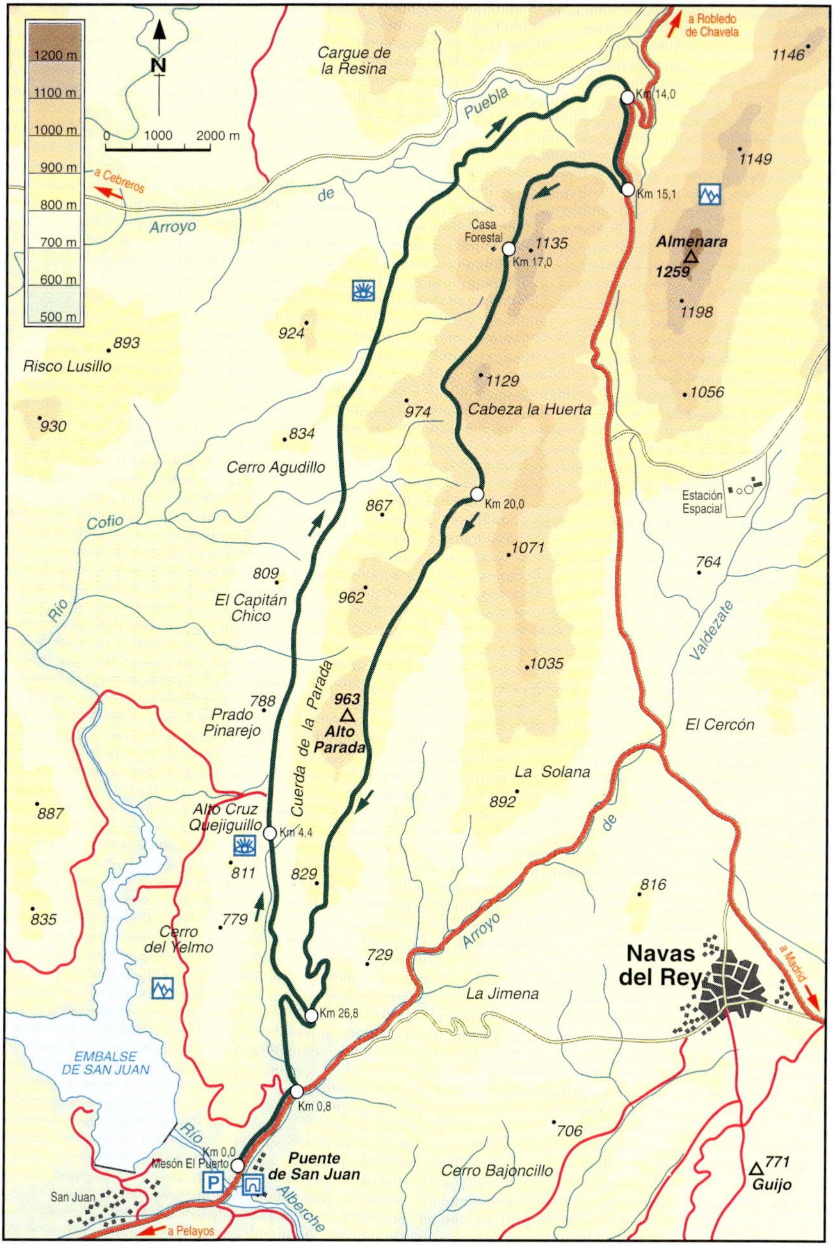
1200 m
1100 m
1000 m
900 m
800 m
700 m
600 m
500 m
N
0
1000
2000 m
a Cebreros
Cargue de la Resina
Puebla
de
Arroyo
a Robledo de Chavela
1146
Km 14,0
Km 15,1
1149
Casa Forestal
1135
Km 17,0
Almenara
1259
1198
924
893
Risco Lusillo
1129
Cabeza la Huerta
1056
930
974
834
Cerro Agudillo
Km 20,0
Estación Espacial
867
Cofio
1071
764
809
962
El Capitán Chico
Río
Valdezate
1035
788
Prado Pinarejo
963
Alto Parada
Cuerda de la Parada
El Cercón
La Solana
892
887
Alto Cruz Quejiguillo
Km 4,4
de
811
829
816
835
779
Cerro del Yelmo
Arroyo
729
Navas del Rey
a Madrid
La Jimena
Km 26,8
EMBALSE DE SAN JUAN
Km 0,8
706
Río
Km 0,0
Mesón El Puerto
Puente de San Juan
Cerro Bajoncillo
771
Guijo
San Juan
Alberche
a Pelayos

bledo a Cebreros (Ávila). Sin embargo, nuestra opción es la de la derecha, que mantiene una cota horizontal sobre el valle. Estamos en el extremo norte del circuito.

14,0 Carretera M-512 de Robledo de Chavela a Navas del Rey (860 m). La pista concluye en una cerrada curva de la carretera. Giramos a la derecha y subimos por carretera durante un kilómetro. Desde aquí a Robledo apenas hay cinco kilómetros por carretera.

15,1 Abandonamos la carretera. (950 m). Entramos en una pista que aparece a la derecha de la calzada y que tiene una barrera. Comienza una nueva subida.

17,0 Casa Forestal Monte Agudillo (1090 m). Máxima cota de la jornada. Descendemos hacia el sur por la ladera occidental de Cabeza La Huerta una de las cimas más elevadas de la zona.

20,0 Collado y barrera (960 m). Salimos del término municipal de Robledo. Rebasada la barrera hay una bifurcación. Seguiremos la opción de la derecha rodeando una loma. El camino de la izquierda desciende por el Valle de Valdefrías y conectaría también con nuestro circuito. Transitamos de norte a sur por la cara este de la Cuerda de La Parada siguiendo el mismo trazado del sendero GR-10.

23,0 (800 m). El descenso al valle del Alberche se hace evidente a partir de este punto. Las vistas son magníficas.

26,8 (625 m). Conectamos con la pista principal de ascenso ya recorrida a la ida. Seguimos a la izquierda por la pista para bajar hasta la N-501.

28,8 Cruce de pistas junto a la N-501 (545 m). Por el camino de ida.

29,6 "Mesón El Puerto" (530 m).

La ribera del Pantano de San Juan

RUTA 36

DESDE EL VIEJO FERROCARRIL DE ALMOROX AL VIEJO FERROCARRIL DEL TIÉTAR

Longitud: 33,5 kilómetros .
Desnivel acumulado: 400 metros.
Horario: Cuatro horas.
Dificultad: Media. El ascenso hasta coronar el collado de Cerro Rojo (km 26,8) es algo duro, factor agravado por las piedras sueltas en pleno camino.
Cartografía: Hoja del S.C.R. a escala 1:50.000 nº 11. Hojas del S.G.E. a escala 1:50.000 nº 557 y 580.
Accesos: Centro urbano de Villa del Prado. Accesos por la N-V hasta Navalcarnero, Aldea del Fresno y Villa del Prado.
Observaciones: Ruta circular que se puede realizar en ambos sentidos y que asimismo se puede afrontar desde la zona de Pelayos. En época de caza podéis tener algún conflicto ya que se organizan monterías en la zona. No hemos tenido más remedio para completar el circuito que recurrir a bastantes tramos de carretera .

Itinerario circular que recorre tres grandes unidades paisajísticas del suroeste madrileño. Comenzamos la ruta atravesando la extensa Vega del Alberche. Remontaremos el desfiladero que este río ha tallado en su discurrir hacia el Tajo y que fue aprovechado para la construcción de la presa de Picadas. Por último, para finalizar el circuito, atravesaremos la sierra que separa San Martín de Valdeiglesias de Villa del Prado. Es tal la variedad que presentan estos paisajes que al final de la ruta pensaremos que hemos cubierto un gran kilometraje cuando en realidad la ruta no es excesivamente larga. En definitiva es esta una ruta íntegra debido al encantador paisaje y a la equilibrada práctica deportiva. Se da la curiosa circunstancia de que la ruta utiliza en parte los dos ramales del viejo ferrocarril del suroeste. Tanto el ramal del Tiétar-Alberche como el ramal de Almorox esperan una decidida actuación por parte de la autoridad competente para convertirlos en vías verdes para ciclistas y senderistas.

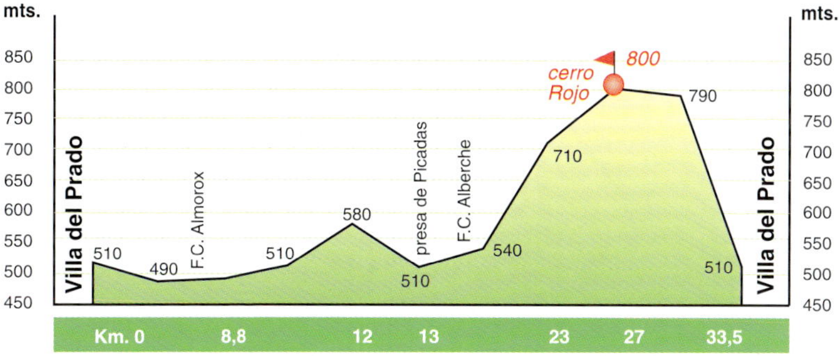

0,0 Villa del Prado (510 m). Cruce de la carretera M-507 con la calle del Hospital. En realidad se trata de la carretera M-925 pero toma este nombre por comunicar el núcleo urbano con el Hospital Geriátrico. A medio kilómetro, dirección sur por esta calle, veremos a la izquierda un picadero de caballos e inmediatamente una calle que cruza, que en realidad es la vieja vía férrea de Almorox.

0,5 Cruce de la vía. Hemos rebasado el picadero y giramos a la izquierda (este). A la derecha , más al interior del pueblo, se encontraba la vieja estación. Dejamos atrás Villa del Prado para seguir por un cómodo tramo de camino entre olivos y viejos invernaderos.

3,5 Cruce (490 m). La vía es atravesada en diagonal por una pista asfaltada que conduce a la ermita de Nuestra Señora de La Poveda. A la izquierda hay un viejo edificio ferroviario semi-derruido. En este cruce giramos a la izquierda y seguimos por la carretera hasta alcanzar de nuevo la M-507. Este cambio de dirección es ocasionado por la interrupción que sufre la vía más adelante, justo al entrar en una finca. Desde este punto es muy difícil conectar de nuevo con la M-507, salvo que atravesemos campos de labor.

4,3 Carretera M-507. Giramos a la derecha y continuamos, ya por asfalto, hasta el cruce de la urbanización "Carreta Quebrada". A la izquierda queda la reserva "El Rincón", un interesante parque zoológico.

8,8 Carretera M-507 (495 m). Acabamos de rebasar el mojón del PK 21. Extremamos nuestra atención ya que a la izquierda aparece la carretera de acceso a la urbanización "Carreta Quebrada". Giramos a la izquierda y entramos en el viario que re-

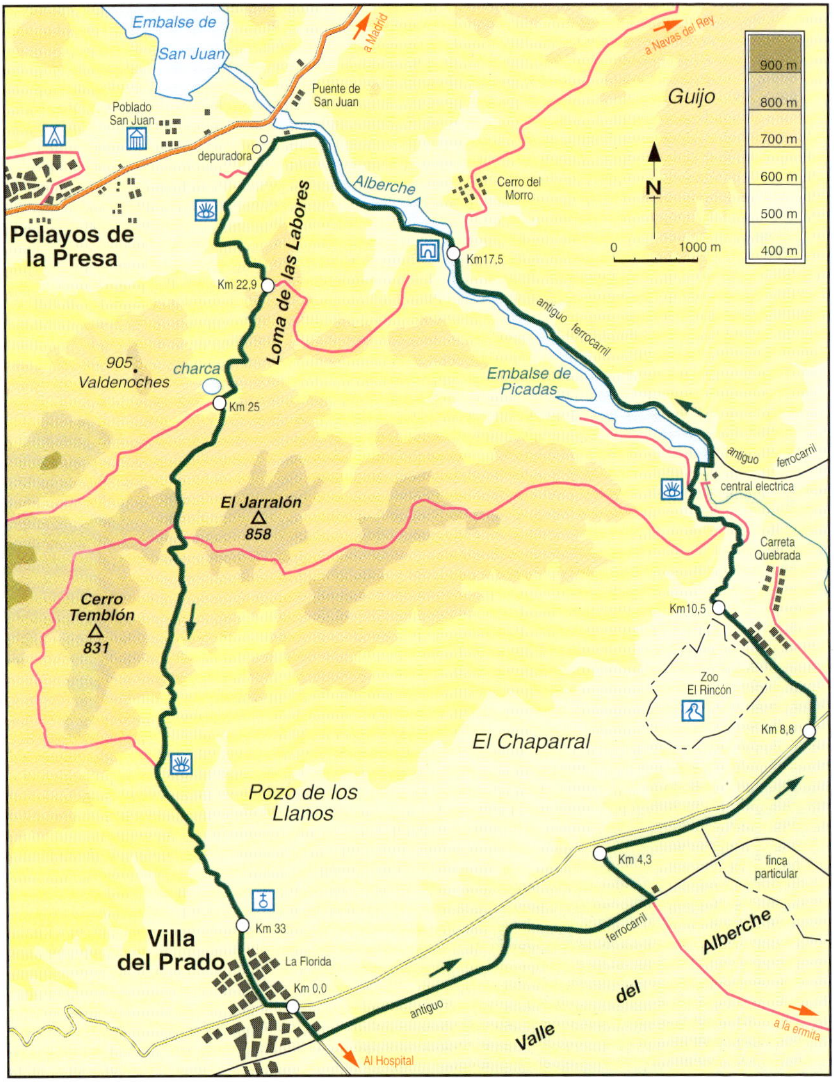

corre en ascenso de sur a norte la urbanización.

10,5 Últimas casas de la urbanización (510 m). A la izquierda se levanta el recinto del Zoo donde no será difícil ver animales más propios de la sabana africana que de las sie-

La Presa de Picadas

rras madrileñas. La calle que recorría la urbanización se convierte en una estrecha carretera asfaltada que asciende en dirección a la presa de Picadas.

11,5 Bifurcación. La carretera de la derecha desciende a las instalaciones de la presa. Nosotros seguimos recto y a la izquierda.

12,0 Vista panorámica sobre la presa (580 m). En la orilla contraria se aprecia la obra de ingeniería que supuso el trazado descendente del ferrocarril hacia Aldea del Fresno.

12,5 De nuevo un cruce. Giramos a la derecha y bajamos hasta el dique.

13,0 Presa de Picadas (510 m). Cruzamos sobre el muro de la presa y seguimos embalse arriba por la vía abandonada del ferrocarril del Alberche-Tiétar (ver también la ruta nº 38).

17,5 Rebasada la explanación de la estación de Navas del Rey la vía cruza sobre el embalse y pasa a discurrir por la orilla derecha del Alberche.

20,5 Puente sobre una pista (540 m). Abajo y a la izquierda veremos una depuradora de aguas residuales. A la derecha una zona recreativa a la orilla del pantano. Abandonamos definitivamente la vía y descendemos a la pista que nace junto a la depuradora y bajo el puente. Ascendemos por esta pista asfaltada que recorre la loma de Las Labores

22,9 Cruce (710 m). La carretera asfaltada gira a la izquierda. Seguimos de frente por una pista de tierra que primero llanea y posteriormente desciende. A la derecha disfrutaremos de excelentes vistas de Pelayos y San Martín de Valdeiglesias.

24,7 La pista ha descendido hasta un valle donde veremos una charca (680 m). Nos incorporamos a una pista ancha y dejamos la charca a la derecha.

25,0 ¡Atención cruce muy importante! A la izquierda de la pista principal nace un camino. Como referencia veremos una gran encina y un cartel contra los incendios. Accedemos a este camino y dejamos la pista principal. Comienza una dura subida.

26,8 Collado de Cerro Rojo (800 m). Seguimos recto por la pista principal, no hay que tomar el ramal de la derecha. Desde este punto las vistas son cautivadoras ya que a nuestra espalda (norte) podemos ver los pinares de la zona del embalse de San Juan y de telón de fondo Guadarrama. Este paraje marca la transición entre unidades de paisaje totalmente diferentes.

28,7 Collado y paso canadiense (790 m). Recto. Comienza una prolongada bajada hasta Villa del Prado. La panorámica es fabulosa. Al frente se abre la vega del Alberche y al fondo es posible adivinar la silueta de los Montes de Toledo. Disfrutaremos de esta última bajada que nos conduce hasta el final de la ruta.

33,5 Villa del Prado (510 m). Entramos por la calle de la Era hasta llegar al cruce de la carretera M-507 (calle Juan Carlos I) ya en pleno casco urbano.

Una ruta excepcionalmente ambientada

RUTA 37

UNA ATALAYA SOBRE EL EMBALSE DE SAN JUAN

LONGITUD: 19,5 kilómetros.
DESNIVEL ACUMULADO: 400 metros.
HORARIO: Entre dos y tres horas.
DIFICULTAD: Fácil. Ruta de kilometraje moderado y desniveles asequibles gracias al cómodo trazado de las pistas forestales.
CARTOGRAFÍA: Hoja del S.C.R. a escala 1:50.000 nº 11. Hojas del S.G.E. a escala 1:50.000 nº 557 y 580.
ACCESOS: Comenzaremos la ruta en el casco urbano de Pelayos. Desde el centro del pueblo hasta la vieja estación mantendremos el cuentakilómetros parado. Para llegar a la estación seguiremos las indicaciones del Polideportivo ya que junto a este recinto atraviesa la vieja vía.
OBSERVACIONES: Excursión idónea para todo el año y asequible para los menos expertos que así pueden probar con una ruta jalonada de repechos y ascensiones algo duras. Circuito recomendable para realizar en ambos sentidos.

Las Mucas (824 m), Valdenoches (905 m) y Alto Mira (1038 m) son tres centinelas que parecen vigilar el corredor situado entre Pelayos de la Presa, San Martín de Valdeiglesias y el pantano de San Juan. A través de este amplio valle con orientación este-oeste discurre la siempre transitada carretera N-501, objeto de eterna discusión sobre la conveniencia de su conversión en autovía. Las tres cimas protagonistas de nuestra excursión, se encuentran escalonadas altitudinalmente de norte a sur y compiten en belleza ya que las tres montañas están recubiertas de un tupido manto vegetal compuesto de pino negral y pino piñonero. Si miramos al cielo a lo largo de la ruta nunca dejaremos de ver el vuelo vigilante de los buitres que habitan en estos peñascos. Una densa red de caminos y pistas forestales recorren estas valiosas montañas del suroeste de Madrid lo que permite a ciclistas y senderistas la realización de infinidad de rutas y siempre con un denominador común: la belleza del paisaje.

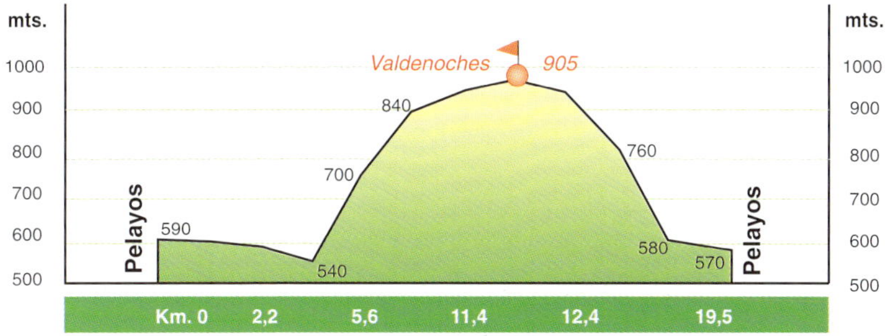

0,0 Estación de Pelayos (590 m). El edificio ferroviario presenta un aspecto lamentable. Es una lástima que una parte del patrimonio de nuestros pueblos se encuentre en estado ruinoso. Comenzamos el pedaleo por la vía en dirección al embalse de San Juan. Entramos en un bonito bosque de pinos piñoneros.

0,4 Camping La Enfermería. Hay un cruce de caminos pero la vía sigue recto. Más adelante aparece la silueta del Monasterio de Santa María la Real de Valdeiglesias , edificio religioso que se encuentra en manos privadas.

1,5 Carretera de la presa de San Juan (580 m). Giramos a la derecha y descendemos hasta la Gasolinera del cruce de N-501.

2,2 Gasolinera (570 m). Cruzamos con precaución la N-501 y accedemos a una explanada situada en el lado opuesto de la calzada. Giramos a la izquierda para transitar por una serie de caminos utilizados por las motos y bicicletas. Circulamos en paralelo a la calzada de la N-501 en dirección a Madrid. En apenas trescientos metros llegamos a una montaña recubierta de pino piñonero.

2,5 Repecho bajo los pinos. Superado este efímero obstáculo, alcanzamos un sendero trazado a media ladera que tomaremos a la izquierda en dirección a la carretera.

2,6 El sendero conecta de nuevo con la plataforma de la vía que desde este elevado emplazamiento salvaba la carretera por un puente hoy desaparecido. Seguimos de nuevo a través del trazado ferroviario.

3,2 Puente sobre una pista (540 m). Abajo y a la derecha vemos una depuradora de aguas residuales. A la izquierda una zona recreativa a la

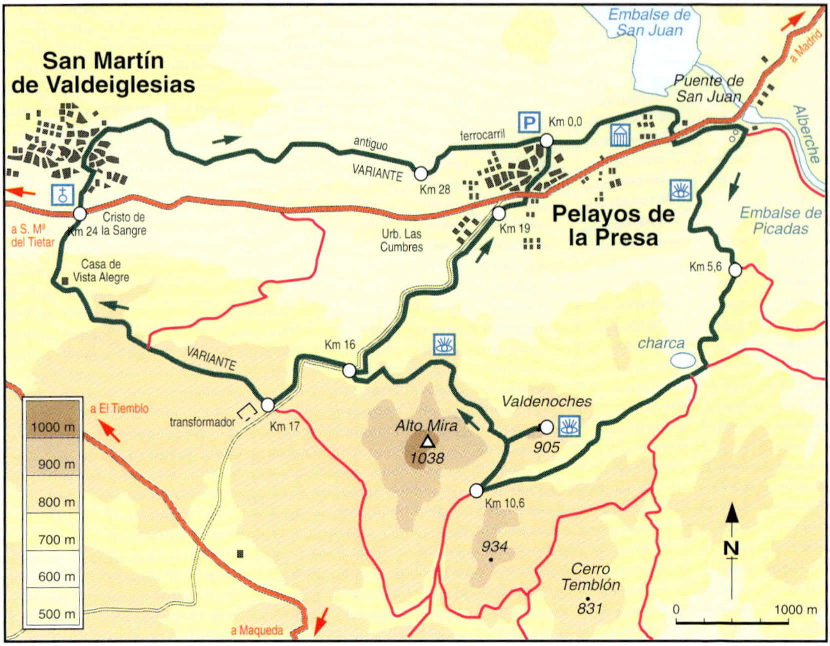

orilla del pantano. Abandonamos la vía y descendemos a la pista que nace junto a la depuradora (por este cruce pasa también la ruta nº 36). Seguiremos a partir de ahora la pista asfaltada que asciende por la loma de Las Labores.

5,6 Cruce (710 m). Abandonamos la carretera asfaltada cuando ésta gira a la izquierda. Seguimos de frente por una pista de tierra.

7,4 La pista desciende hasta un valle donde veremos una charca (680 m). Nos incorporamos a una pista ancha y dejamos la charca a la derecha.

7,3 Cruce con una encina y un cartel contraincendios. Seguimos recto por la pista principal. En este cruce gira a la izquierda la ruta nº 36 en su regreso a Villa del Prado. Frente a nosotros (suroeste) aparece la silueta del cerro de Valdenoches.

10,6 Cruce (840 m). Finaliza la subida y la pista principal continúa recto hacia el oeste. Nosotros giramos totalmente a la derecha y entramos en un nuevo camino que se incorpora en diagonal y que además tiene una barrera. Esta pista asciende hacia el collado que se emplaza entre Valdenoches y Alto Mira.

❧ *Un panel informativo junto al viejo trazado ferroviario* ❧

11,4 Collado (875 m). Excelente atalaya sobre Pelayos, San Martín y la zona de transición Guadarrama-Gredos. La pista gira a la izquierda y desciende por un frondoso pinar. Antes del descenso recomendamos girar a la derecha y seguir por la pista-cortafuegos hasta la cima del cerro de Valdenoches (ida y vuelta).

11,9 Cerro de Valdenoches (905 m). Segundo gran mirador de los que visitaremos hoy. Pelayos se encuentra justo en nuestra vertical septentrional. Retrocedemos hasta el anterior collado (km 11,4) y seguimos la ruta.

12,4 Collado (875 m). Giramos a la derecha por la pista que desciende en diagonal por la cara norte del Pico Alto Mira. Transitamos bajo un frondoso pinar en la llamada loma de la Fuente Fría. Este topónimo esta sin duda asociado al carácter umbrío y húmedo de esta vertiente orientada al norte.

15,9 Carretera M-541 de Pelayos a Cadalso de los Vidrios (760 m). Nos incorporamos a la carretera, giramos a la derecha y seguimos por asfalto hasta Pelayos. Al final de la bajada dejaremos a la izquierda la urbanización Las Cumbres.

19,0 Cruce de la N-501 (580 m). A la derecha por la N-501 hasta Pelayos de la Presa.

19,5 Pelayos de la Presa (570 m). Nos hemos ganado un merecido refrigerio en esta localidad turística.

Variante larga

POR SAN MARTÍN DE VALDEIGLESIAS

15,9 Carretera M-541. En lugar de girar a la derecha y descender a Pelayos de la Presa, giramos a la izquierda y ascendemos durante algo más de un kilómetro por la carretera en dirección a Cadalso de los Vidrios.

17,0 Collado (850 m). Finaliza la subida, giramos a la derecha y entramos en un camino que pasa junto a un transformador eléctrico. Desde este punto y a partir de ahora coincidimos con el itinerario número 40 desde el 18,1 del mismo. Nos separan de Pelayos, siguiendo esta variante, apenas 12,4 kilómetros.

29,4 Pelayos de la Presa.

RUTA 38
LA "VÍA VERDE" DEL ALBERCHE

LONGITUD: 33 kilómetros (ida y vuelta).
DESNIVEL ACUMULADO: -150 metros (sólo en el sentido de ida).
HORARIO: De tres a cuatro horas.
DIFICULTAD: Baja. Si formáis parte de un grupo debéis tener precaución a la hora de cruzar la carretera N-501 a la altura de la gasolinera de Pelayos.
CARTOGRAFÍA: Hoja del S.C.R. a escala 1:50.000 nº 11. Hojas del S.G.E. a escala 1:50.000 nº 557 y 580.
ACCESOS: Hasta San Martín de Valdeiglesias por la carretera N-501. En San Martín hay que localizar la vieja estación que en la actualidad es un centro cultural juvenil.
OBSERVACIONES: Ruta ideal para primavera, otoño e invierno. En verano la zona está saturada de excursionistas por lo que el trazado de la vía suele tener bastante tráfico de vehículos a motor.

Itinerario ideal para recorrer en grupo, sin prisas ni agobios. Por su trazado y perfil es apto para personas con un nivel físico y técnico bajo. Recorreremos una vía férrea que partía desde Madrid, comunicando diversos pueblos del suroeste madrileño. Desde Villamanta el ferrocarril se dividía en dos ramales con extremos en Almorox y el valle del Tiétar. El tramo que presentamos correspondía al ramal del Tiétar que atravesaba la sierra aprovechando una garganta de espectacular belleza. Esta vía férrea es transitable en su totalidad y por ello es una ruta muy popular entre los excursionistas. Se plantea como ruta lineal (ida y vuelta por el mismo camino) con el objetivo de que pueda ser realizada incluso por los menos acostumbrados al pedaleo. El itinerario comienza flanqueado por viñedos que darán paso a densos pinares de pino piñonero y numerosas urbanizaciones residenciales. La entrada en el sector de la presa de Picadas supone un bello colofón a una ruta inolvidable.

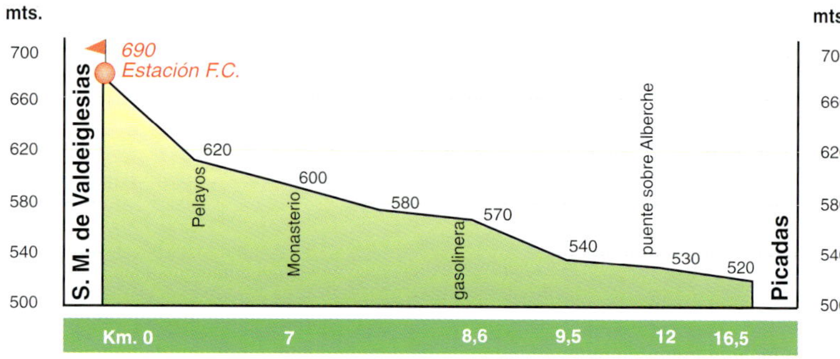

0,0 San Martín de Valdeiglesias (690 m). Antigua estación ferroviaria y actual sede de un centro cultural. Desde este punto no resulta difícil identificar el ancho camino que sustituye a la antigua vía. Comenzamos la ruta hacia el este en dirección a Pelayos. Coincidiremos como en ocasiones anteriores con un nuevo tramo del sendero de gran recorrido GR-10 que aquí coincide a su vez con una ruta balizada por la Comunidad de Madrid mediante mojones de granito pintados de azul.

0,4 Bifurcación. Recto y a la derecha sin dejar en ningún momento la pista principal.

5,7 Pelayos de la Presa (620 m). A nuestra izquierda se encuentra la urbanización El Mirador. Seguimos de frente por la vía hasta llegar a la estación de este municipio.

6,6 Estación de Pelayos. El viejo edificio ferroviario se encuentra en un estado de lamentable abandono. Seguimos por la vía y entramos en uno de los primeros pinares que van a jalonar nuestro paso.

7,0 Cruce del Cerro de San Esteban (600 m). En este punto encontraremos un panel informativo sobre las rutas que ha señalizado la Comunidad de Madrid en la zona. A la derecha se levanta el camping "La Enfermería". Seguimos recto por la vía. Un poco mas adelante aparece la silueta del viejo Monasterio de Santa María la Real de Valdeiglesias. Se trata de un conjunto arquitectónico de origen visigodo pero con elementos de épocas posteriores, gótico y renacentista preferentemente. La desamortización de 1835 puso en manos privadas este bello edificio religioso lo que provocó a su vez un progresivo abandono muy evidente en nuestros días. Es monumento nacional desde 1983.

8,1 Cruce con una carretera local (580 m). Se trata de la calle de San Juan, que da acceso a una urbanización y a la propia presa. Dejamos momentáneamente el trazado de la vía. Giramos a la derecha y descendemos por este viario hasta llegar a la gasolinera.

8,6 Gasolinera (570 m). Estamos en el cruce la carretera N-501. Cruzamos con precaución la carretera y salimos a una explanada situada en el lado opuesto de la calzada. Giramos a la izquierda y entramos en una serie de caminos trazados por motos y bicicletas y que discurren paralelos a la calzada de la N-501, en dirección a Madrid. El sendero se dirige a una colina donde se levantan unos frondosos pinos.

8,9 El camino asciende por un empinado repecho. Superado este efímero obstáculo se conecta con un sendero trazado a media ladera que tomaremos a la izquierda, en dirección a la carretera. Estamos bajo los majestuosos pinos piñoneros tan característicos de la zona.

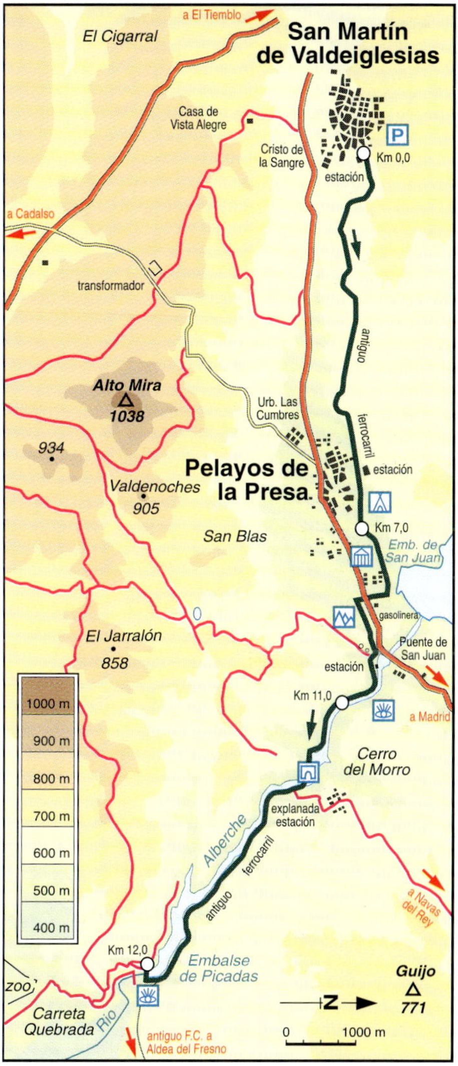

9,1 El sendero nos conduce aparentemente hacia el cortado por donde se abre paso la carretera. Pero, en realidad su trazado conecta de nuevo con la plataforma de la vía que desde este elevado emplazamiento salvaba la carretera por un puente desaparecido en la actualidad.

Seguimos de nuevo a través del trazado ferroviario.

9,5 Puente sobre una pista (540 m). A la derecha queda una depuradora de aguas. A la izquierda una zona recreativa a la orilla del pantano. En este punto giran a la derecha las rutas nº 36 y 37. Seguimos por la vía y pasamos junto a otra vieja estación. Iniciamos el tramo de la ruta que recorre el embalse de Picadas uno de los parajes más bonitos para recorrer en bicicleta en toda la geografía madrileña.

12,0 Puente sobre el Alberche (530 m). La vía pasa al margen izquierdo del pantano.

13,0 Túnel. Podemos rodearlo.

16,5 Presa de Picadas (520 m). La vía sigue por un túnel hacia la izquierda e inicia el descenso hasta la localidad de Aldea del Fresno. Este tramo es intransitable en la actualidad pero sería deseable su recuperación. Desde la presa volvemos sobre nuestros pasos (sería más propio decir pedales) hasta llegar de nuevo a San Martín de Valdeiglesias. Desde la presa también se puede continuar por carretera hasta el complejo del zoo-safari "El Rincón" siguiendo el itinerario propuesto en la ruta nº 36.

33,0 San Martín de Valdeiglesias.

Monasterio de Santa María la Real de Valdeiglesias

RUTA 39
POR LA COSTA DEL PANTANO DE SAN JUAN

LONGITUD: 17 kilómetros.
DESNIVEL ACUMULADO: 300 metros.
HORARIO: Dos horas.
DIFICULTAD: Baja. En cualquier caso la presencia de múltiples tramos de subida y de bajada puede endurecer la excursión a los menos acostumbrados a este tipo de terrenos.
CARTOGRAFÍA: Hojas del S.C.R. a escala 1:50.000 nº 6 y 11. Hoja nº 557 del Servicio Geográfico del Ejército (S.G.E) a escala 1:50.000.
ACCESOS: El mesón "El Puerto" se encuentra en el kilómetro 49,5 de la N-501. Hay un aparcamiento para coches junto al edificio del mesón. Podemos comenzar también en Pelayos.
OBSERVACIONES: Ruta ideal para cualquier época del año. En verano encontraremos bastantes automóviles que acuden a la zonas recreativas de la orilla del pantano.

Sin abandonar la zona del pantano de San Juan aún podemos recorrer un corto pero sugerente itinerario que bordea una parte de la orilla del mismo en un circuito que rodea el cerro de la Peña del Yelmo, una inmensa mole de granito que contribuye aún más a embellecer este paraje. Al tratarse de un recorrido de escaso kilometraje hemos diseñado un divertido circuito en forma de "ocho" que transita por el corazón de los pinares de San Juan y que es complementario de la ruta nº 35.

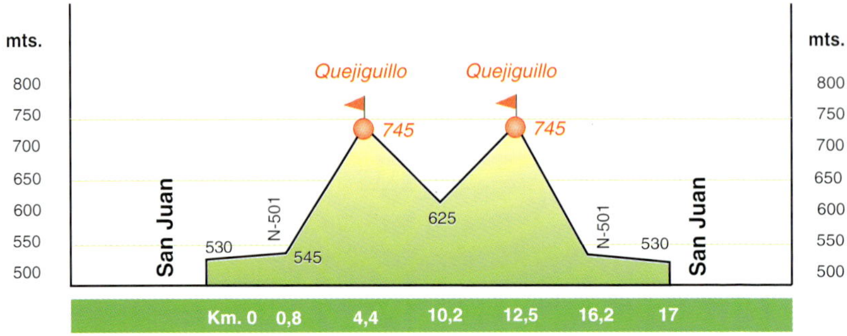

0,0 Mesón "El Puerto" (530 m). Comenzamos la ruta siguiendo la carretera N-501 en dirección a Madrid. A escasa distancia aparece una barrera a la izquierda por la que accedemos a un camino.

0,6 Barrera. Abandonamos la carretera, tomamos el camino y seguimos a la derecha paralelos a la carretera en dirección Madrid.

0,8 Cruce de pistas (545 m). Con la carretera N-501 a nuestra espalda, veremos que hay dos pistas. Nosotros tomaremos la de la derecha, la opción de la izquierda sube a la zona recreativa de la Lancha del Yelmo. Comienza una larga subida. Nunca dejaremos la pista principal.

4,4 Alto de la Cruz del Quejiguillo (745 m). Cruce de varios caminos. Hay tres opciones. Las dos de frente están orientadas al norte. La primera es la pista que conduce a Robledo de Chavela (ver ruta nº 35) la segunda es la que procede del Yelmo y que utilizaremos de retorno. Giraremos totalmente a la izquierda por una tercera opción perpendicular a la pista principal y flanqueada por una barrera canadiense. Se trata de un camino en descenso que tiene una valla pegada a la izquierda.

6,2 Cruce en plena bajada. Recto y a la izquierda.

7,4 Pista de la carretera N-501 a la zona recreativa de la "Lancha del Yelmo" (630 m). Giramos a la derecha.

10,2 Senda a la cima del Yelmo (625 m). Desde el lado izquierdo de la pista comienza un sendero que asciende hasta la cima de esta singular peña de granito. Se trata de un camino de algo más de 500 metros que merece la pena recorrer (los más habilidosos lo harán en bici) para disfrutar de una inmejorable panorámica sobre la presa de San Juan. Este tramo no se contabiliza en el kilometraje de la ruta.

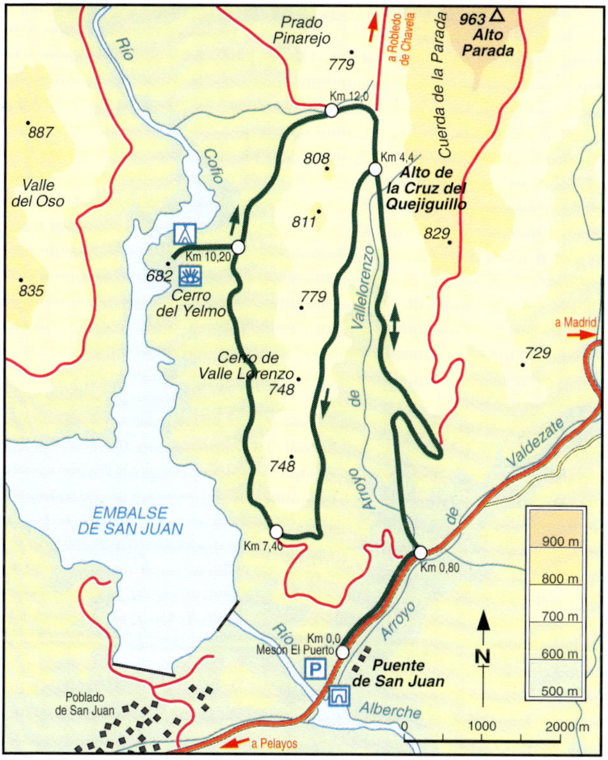

10,8 Aparcamiento de la zona recreativa "Lancha del Yelmo". Seguimos recto por la pista. Un camino a la izquierda desciende a la orilla del pantano.

12,0 Barrera de ganado y cruce a la derecha. La pista de la izquierda desciende hasta el río Cofio.

12,5 Alto de la Cruz del Quejiguillo (745 m). Estamos de nuevo en este collado. Finalizamos la ruta descendiendo hasta la N-501 por la pista utilizada en la subida.

16,2 Carretera N-501 (541 m). A la derecha dirección a San Martín de Valdeiglesias.

17,0 "Mesón El Puerto" (530 m).

RUTA 40
UN LARGO CIRCUITO POR LAS SIERRAS DEL SUROESTE

LONGITUD: 30,5 kilómetros.
DESNIVEL ACUMULADO: 300 metros.
HORARIO: Entre cuatro y cinco horas.
DIFICULTAD: Media. La distancia y la dificultad se encuentran muy equilibradas en este recorrido. En el cómputo final pesan más los kilómetros que las dificultades técnicas.
CARTOGRAFÍA: Hoja del S.C.R. a escala 1:50.000 nº 11. Hoja del S.G.E. a escala 1:50.000 nº 557 y 580.
ACCESOS: Comenzaremos la ruta en el casco urbano de Pelayos. Desde el centro del pueblo hasta la vieja estación mantendremos el cuentakilómetros parado. Para llegar a la estación seguiremos hasta el Polideportivo, junto a este recinto está la vieja vía férrea. También se puede comenzar la ruta en San Martín de Valdeiglesias.
OBSERVACIONES: La primera parte de esta excursión es común con las rutas 37 y 38. Este circuito se puede realizar en ambos sentidos. Precaución con los tramos en carretera.

Itinerario circular que permite obtener una visión de síntesis del conjunto montañoso que hemos denominado como "sierras del suroeste". Este espacio de la geografía madrileña, sin una denominación específica, supone la transición geográfica y administrativa entre Madrid, Toledo y Ávila. Es una zona que comparte caracteres comunes a las Sierras de Gredos y de Guadarrama. Sin caer en el tópico, una vez más estamos ante una ruta variada en cuanto a paisajes y caminos. Transitaremos por carreteras asfaltadas, pistas forestales, cordeles ganaderos, cortafuegos y la vieja vía ferroviaria del Tiétar que tanto juego nos ha dado a la hora de recorrer toda esta comarca. Más al oeste de nuestro circuito aún nos quedaría por explorar la zona de las Peñas de Cadalso y de Cenicientos en el extremo más occidental de Madrid. Son aquéllas unas sierras compuestas por granito y recubiertas de un denso pinar lo que las hace muy apetecibles, pero estos interesantes recorridos los dejaremos para otra ocasión.

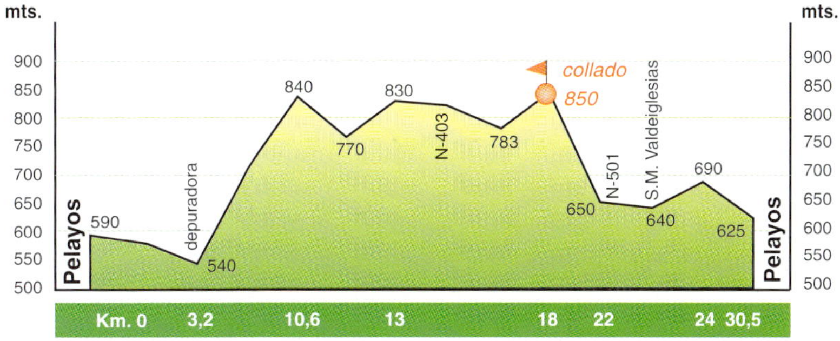

0,0 Estación de Pelayos (590 m). Comenzamos la ruta por la vieja vía en dirección al embalse de San Juan. Entramos en un bonito bosque de pinos piñoneros.

0,4 Camping "La Enfermería". Cruce de caminos, seguimos recto por la vía. En este punto encontraremos un panel informativo sobre las rutas que ha señalizado en esta comarca la Comunidad de Madrid. Un poco más adelante aparece la silueta del viejo Monasterio de Santa María la Real de Valdeiglesias un bello edificio religioso que se encuentra bastante descuidado.

1,5 Carretera de la presa de San Juan (580 m). Giramos a la derecha y descendemos por este viario hasta llegar a la gasolinera de la carretera N-501.

2,2 Gasolinera y cruce de la carretera N-501. Cruzamos con precaución la calzada y accedemos a una explanada situada en el lado opuesto de la misma. Giramos a la izquierda para transitar por unos caminos utilizados por motos y bicicletas. Circulamos en paralelo a la calzada de la N-501 en dirección a Madrid. En apenas trescientos metros llegamos a una ladera tapizada de pinos piñoneros.

2,5 Repecho bajo los pinos. Superada la subida alcanzamos un sendero trazado a media ladera que tomaremos a la izquierda en dirección a la carretera.

2,6 El sendero conecta de nuevo con la plataforma de la vía que desde este elevado emplazamiento salvaba la carretera por un puente hoy desaparecido. Seguimos de nuevo a través del trazado ferroviario.

3,2 Puente sobre una pista (540 m). Abajo y a la derecha vemos una depuradora de aguas residuales. A la

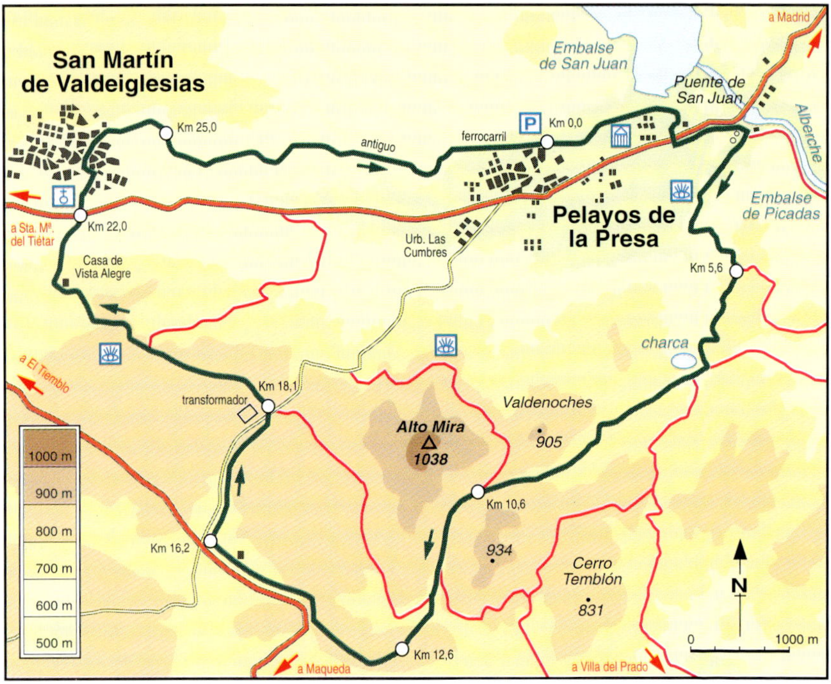

izquierda una zona recreativa a la orilla del pantano. Abandonamos la vía y descendemos junto a la pista que nace junto a la depuradora. Ascendemos por esta pista asfaltada que recorre la loma de Las Labores y por la que ya hemos transitado en las rutas nº 36 y 37.

5,6 Cruce (710 m). La carretera asfaltada gira a la izquierda. Seguimos de frente por una pista de tierra.

7,4 La pista ha descendido rápidamente hasta un valle donde se veremos una charca (680 m). Nos incorporamos a una pista ancha y dejamos la charca a la derecha.

7,3 Pista a la izquierda. Hay una gran encina y un cartel contra los incendios. Seguimos por la pista principal. En este cruce gira a la izquierda la ruta nº 36 en su regreso a Villa del Prado. Frente a nosotros (oeste) aparece la silueta del Cerro de Valdenoches.

10,6 Cruce al final de la subida (840 m). Seguimos por la pista principal que prosigue recto y hacia el oeste. La pista de la derecha asciende hacia el cerro de Valdenoches,

El suroeste de Madrid, la transición entre Guadarrama y Gredos

por aquí transita la ruta nº 37. Iniciamos un rápido descenso.

12,1 Vaguada (770 m). Hemos pasado una pista que se incorporaba a la izquierda y un camino que aparece a la derecha. La pista principal traza una amplia curva a la derecha y asciende por un durísimo repecho.

12,6 Barrera al final de la subida (830 m). Según el cartel, estamos en el monte de Navapozas. Seguimos la pista principal. El paisaje cambia de modo radical. Llegamos a una zona elevada sin apenas vegetación y desde la que se domina una extensa panorámica. Una alambrada aparece por la izquierda, es el límite de la provincia de Madrid con la de Toledo. De frente (noroeste) se ven las primeras estribaciones de Gredos y el magnífico castañar de Casillas.

15,0 Carretera N-403 de Ávila a Toledo (820 m). La ruta se incorpora a la carretera en dirección norte (derecha). Pasaremos por la puerta de "La Granjilla" una finca emplazada en un paraje idílico.

16,2 Cruce de carreteras (783 m). Giramos a la derecha y entramos en la carretera M-541 de Cadalso de los Vidrios a Pelayos de la Presa en dirección a esta última localidad. Es una carretera muy estrecha, precaución con los vehículos a motor.

18,1 Collado (850 m). Abandonamos la carretera por una pista que la cruza perpendicularmente. Giramos a la izquierda. La mejor referencia es la presencia de unos transformadores eléctricos. Superado un sector llano, comienza un tramo de camino en claro descenso hacia San Martín. Seguiremos siempre por la pista mas transitada, recto y en descenso. La presencia de San Martín en el fondo del valle es la mejor referencia de la buena dirección.

22,0 Carretera N-501 (650 m). Atravesamos la carretera y dejamos a un lado la ermita del Cristo de La Sangre.

23,0 San Martín de Valdeiglesias (640 m). Accedemos a esta localidad por la parte mas baja de la misma. Callejeamos por San Martín en busca de la vieja estación.

24,0 San Martín de Valdeiglesias (690 m). Antigua estación ferroviaria y actual sede de un centro cultural. Desde este punto seguimos el itinerario de la vía férrea hasta Pelayos (ver ruta nº 38).

30,5 Estación de Pelayos de la Presa (625 m).

☞ DECÁLOGO PARA CICLISTAS RUTEROS

– **No dejes basura, envoltorios ni otros rastros de tu paso.** Si puedes llévate alguna lata o desperdicio de los que encuentres durante tu excursión.

– **Utiliza senderos y caminos transitables.** No circules abriendo trazados nuevos o campo a través. No seas agresivo, no derrapes ni arrastres las ruedas en senderos o trialeras, estarás haciendo un daño irreparable al tapiz vegetal.

– **Circula sobre caminos públicos.** Respeta las prohibiciones y limitaciones de paso a las propiedades privadas.

– **Cede el paso a otros usuarios del sendero.** Elige caminos alejados de las rutas habituales de los senderistas, ellos tienen preferencia de paso sobre las bicicletas.

– **No desciendas a gran velocidad.** Consejo muy importante en curvas o tramos del camino sin apenas visibilidad.

– **Avisa si vas a adelantar a un grupo de senderistas.** Reduce tu velocidad y rebásales por la izquierda guardando al menos un metro de separación con respecto a ellos. Aumenta la precaución si hay niños o perros.

– **Respeta a los animales.** Cede el paso a los rebaños y atiende las recomendaciones de los pastores.

– **Cierra las cancelas y puertas de ganado.** Los ganaderos te lo agradecerán.

– **No tengas prisas.** Disfruta de tu entorno, para en las fuentes, saca fotos, consulta los mapas, habla con otros caminantes o lugareños.

– **Utiliza el casco.** Los ruteros tampoco estamos libres de sufrir caídas.

HORARIOS AUTORIZADOS PARA EL TRANSPORTE DE BICICLETAS EN CERCANÍAS

LÍNEA	LUNES A VIERNES	OBSERVACIONES	SÁBADOS Y FESTIVOS
C-1 Atocha-Alcobendas-S.S. Reyes	Salida de Atocha a partir de las 10,00 h. hasta las 13,30 h. y a partir de las 16,00 h.	En períodos no lectivos desde las 9,00 h.	Todo el día
C-1 Alcobendas-S.S. Reyes-Atocha	Desde el inicio del servicio hasta las 13,30 h. y a partir de las 16,00 h.	En períodos no lectivos sin limitaciones	
C-2 Chamartín-Guadalajara	Salidas de Chamartín a partir de las 9,30 h.		
C-2 Guadalajara-Chamartín	Salidas de Guadalajara a partir de las 9,00 h.		
C-3 Atocha-Aranjuez	Salidas de Atocha hasta las 13,30 h., de 16,00 a 17,30 h. y a partir de las 21,30 h.		
C-3 Aranjuez-Atocha	Salidas de Aranjuez a partir de las 9,00 h.		
C-4 Atocha-Parla	Salidas de Atocha hasta las 13,30 h. y a partir de las 20,00 h.		
C-4 Parla-Atocha	Salidas de Parla a partir de las 10,00 h.		
C-5 Móstoles El Soto-Atocha-Fuenlabrada	Salidas de Fuenlabrada y Móstoles El Soto de 10,00 a 13,00 h., de 16,00 a 17,30 h. y de 21,00 h. a final del servicio.		
C-7 Atocha-P. Pío	Salidas de Atocha a partir de las 10,00 h.		
C-7 P. Pío-Atocha	Salidas de P. Pío a partir de las 9,30 h.		
C-7 P. Pío-Tres Cantos	Salidas de P. Pío a partir de las 10,00 h.	En el trayecto Atocha-T.Cantos en periodos no lectivos desde las 9,00 h.	
C-7 Tres Cantos-P. Pío	Salidas de Tres Cantos a partir de las 9,30 h.	En periodos no lectivos sin limitaciones	
C-8a Atocha-El Escorial	Salidas de Atocha a partir de las 10,00 h.	Viernes y vísperas de festivos no se admitirán a partir de las 15,00 h.	Todo el día excepto de 8,00 a 10,00 h.
C-8a El Escorial-Atocha	Salidas de El Escorial a partir de las 9,00 h.		Todo el día excepto de: 17,00 a 21,00 h.
C-8b Atocha-Cercedilla	Salidas de Atocha a partir de las 10,00 h.	Viernes y vísperas de festivos no se admitirán a partir de las 15,00 h.	Todo el día excepto de 8,00 a 10,00 h.
C-8b Cercedilla-Atocha	Salidas de Cercedilla a partir de las 9,00 h.		Todo el día excepto de 17,00 a 21,00 h.

HORARIOS AUTORIZADOS PARA EL TRANSPORTE DE BICICLETAS EN CERCANÍAS

LÍNEA	LUNES A VIERNES	OBSERVACIONES	SÁBADOS Y FESTIVOS
C-9 Cercedilla-Cotos	Todo el día	Seis bicicletas por composición que se transportarán en la plataforma más amplia del coche remolque	Todo el día excepto en período invernal que no se admitirá el transporte de bicicletas
C-9 Cotos-Cercedilla			
C-10 Villalba-P. Pío-Chamartín-Tres Cantos	Salidas de Villalba a partir de las 9,30 h.	En el trayecto Atocha-Tres Cantos, en periodos no lectivos desde las 9,00 h.	Todo el día
C-10 Tres Cantos-Chamartín-P. Pío-Villalba	Salidas de Chamartín a partir de las 10,00 h.		

INFORMACIÓN GENERAL DE RENFE: ☎ 902 240 202

TRANSPORTE DE BICICLETAS EN METRO:

Se pueden llevar bicicletas en el Metro de Madrid los sábados, domingos y festivos entre 6:00 y 16:00 horas.

BIBLIOGRAFÍA

BUENO, PABLO. *La Pedriza en Bicicleta.* Ediciones La Librería, Madrid, 1991.

BUENO, PABLO. *El Oeste de Madrid en Bicicleta: Valdemaqueda.* Ediciones La Librería, Madrid, 1992.

BUENO, PABLO y PLIEGO, DOMINGO. *Itinerarios para Bicicletas de Montaña. Travesías fáciles por la Sierra de Madrid.* Desnivel, Madrid, 1995.

CASTRO CASTRO, JOAQUÍN. *El Valle del Alberche en Bicicleta.* Desnivel, Madrid, 1992.

DATCHARRY BERNARD y MARDONES, VALERIA. *Excursiones alrededor de Madrid en bicicleta.* El País-Aguilar, Madrid, 1995.

DELGADO RUIZ, MIGUEL A. y GARCÍA ÁVILA, JESÚS. *Bicicleta de Montaña: 25 Itinerarios en la Comunidad de Madrid.* Pentatlon, Madrid, 1991.

DELGADO RUIZ, MIGUEL A. y AUSÍN AMEZ, RAMÓN. *Cañadas Reales en bicicleta de montaña. Rutas en Madrid, Segovia, Toledo, Guadalajara y Ávila.* Pentatlon, Madrid, 1994.

DELGADO RUIZ, MIGUEL A. *Revista BIKE a Fondo:* "Monográficos de rutas años: 1996, 1997, 1998 y 1999". Sportpress Ibérica. Madrid, 1996, 1997, 1998 y 1999.

FUNDACIÓN DE LOS FERROCARRILES ESPAÑOLES. *Guía de Vías Verdes Tomo I. 31 recorridos por antiguos trazados ferroviarios.* Anaya Touring Club-FFE, Madrid 1998.

FUNDACIÓN DE LOS FERROCARRILES ESPAÑOLES, JIMÉNEZ VEGA, MIGUEL. *Guía de Vías Verdes. Tomo II. 31 recorridos por antiguos trazados ferroviarios.* Anaya Touring Club-FFE, Madrid 1999.

HERAS, FRANCISCO; RODRÍGUEZ, FERNANDO y MIGUÉLEZ, AQUILINO. *La Sierra Norte en Bici.* Comunidad de Madrid, Consej. de Educación y Cultura, Madrid, 1993.

HERNÁNDEZ AGUADO, MARTA. *Las Rutas del Agua: Patones, Torrelaguna y Torremocha del Jarama.* Col. Descubre tus Cañadas nº 5. Dir. Gral. de Agricultura Comunidad de Madrid. Madrid 1998.

LÓPEZ GALÁN y RICO HERNÁNDEZ. *Rutas por el Valle Medio del Lozoya.* Col. Descubre tus Cañadas 1. Dir. Gral. de Agricultura Comunidad de Madrid, 1996.

LÓPEZ GALÁN y RICO HERNÁNDEZ. *Rutas por la Cañada Real Soriana Occidental.* Col. Descubre tus Cañadas 2. Dir. Gral. de Agricultura Comunidad de Madrid, 1997.

LÓPEZ GALÁN, RICO HERNÁNDEZ y SÁNCHEZ LEYVA. *Rutas por el Valle del Alberche.* Col. Descubre tus Cañadas 3. Dir. Gral. de Agricultura Comunidad de Madrid, 1998.

LÓPEZ GALÁN y RICO HERNÁNDEZ. *Rutas en torno al Parque de la Polvoranca.* Col. Descubre tus Cañadas 4. Dir. Gral. de Agricultura Comunidad de Madrid, 1998.

LÓPEZ LILLO, ANTONIO. *La Naturaleza en Madrid.* Incafo. Madrid, 1992.

LORENZO, TOMÁS. *El CYII en Bicicleta.* Comunidad de Madrid. Consejería de Educación y Cultura, 1999.

MARTÍNEZ HERNÁNDEZ, ALFREDO. *De Madrid a Santiago de Compostela en BTT.* Desnivel Madrid, 1999.

PLIEGO, DOMINGO y BUENO, PABLO. *Itinerarios Básicos para Bicicletas de Montaña. Por las Sierras de Madrid.* Tomo I. Desnivel, Madrid, 1991.

PLIEGO, DOMINGO y BUENO, PABLO. *Itinerarios Básicos para Bicicletas de Montaña. Por las Sierras de Madrid.* Tomo 2. Desnivel, Madrid, 1991.

PLIEGO, DOMINGO y BUENO, PABLO. *Itinerarios Básicos para Bicicletas de Montaña. Por las Sierras de Madrid.* Tomo 3. Desnivel, Madrid, 1993.

SÁNCHEZ, JAVIER y BARRERO, ALVARO. *Rutas y Paseos por la Pedriza del Manzanares.* Editorial Sua, Bilbao, 1992.